LA GRACIA, EL PODER DEL EVANGELIO

No es lo que haces tú, Sino lo que hizo Jesús

Por

Andrew Wommack

A menos que se indique lo contrario, todas las citas bíblicas fueron tomadas de la *versión Reina Valera de la Biblia, revisión* 1960.

En las citas bíblicas, que están en cursiva, el autor ha hecho resaltar algunas palabras.

Título en inglés: *Grace, the Power of the Gospel: It's Not What you Do, But What Jesus Did*
Copyright © 2008 por Andrew Wommack Ministries, Inc.
P.O. Box 3333
Colorado Springs, CO 80934-3333

Traducido por: Citlalli Macy
Edición en Español Copyright 2008
ISBN: 978-1-59548-094-1

Contenido

Introducción v

Capítulo 1   ¡Las Buenas Nuevas!................................ 7

Capítulo 2   Sin Excusa.. 17

Capítulo 3   El Propósito de la Ley 27

Capítulo 4   La fe Alcanza la Gracia 39

Capítulo 5   El Don Gratuito de Dios............................ 51

Capítulo 6   ¿Por qué Vivir en Santidad? 65

Capítulo 7   Muertos al Pecado 75

Capítulo 8   Renueva tu Mente..................................... 87

Capítulo 9   ¿De Quién Eres Siervo? 99

Capítulo 10   Deseando Pureza 109

Capítulo 11   Tú Eres Lo Que Piensas 117

Capítulo 12   Tu Nuevo Esposo 131

Capítulo 13   El Maestro 141

Capítulo 14   En el Espíritu y Conforme al Espíritu 151

Capítulo 15   La Justicia de Dios 159

Capítulo 16   La Gracia y las Obras No se Mezclan 169

Capítulo 17   La Creencia del Corazón
               Y la Confesión de la Boca 181

Introducción

El libro de Romanos es la obra maestra del apóstol Pablo. Enfatizado con ejemplos del Antiguo Testamento, es un tratado detallado y erudito sobre el tema de la gracia. Si tú verdaderamente entiendes y recibes este mensaje, te convencerás totalmente de que la justificación ante Dios viene por la gracia, y no por tus obras.

El libro de los Romanos literalmente ha cambiado al mundo. En los años 1500, Martín Lutero se sintió frustrado con todos sus rituales religiosos. Cuando finalmente se desesperó de que algún día podría ganar su salvación, el Señor le habló a través de este verso en Romanos:

Concluimos, pues, que el hombre es justificado por fe sin las obras de la ley.

Romanos 3:28

Este destello de revelación no sólo cambió la vida de Martín Lutero, sino que también encendió lo que hoy llamamos la Reforma. Su impacto en individuos y gobiernos literalmente cambió el mundo y continúa haciéndolo hoy en día.

¡Prepárate para escudriñar las profundidades de la gracia de Dios!

Cada avivamiento ha tenido una revelación de la gracia de Dios. Todo despertar ha poseído un estado de consciencia más agudo sobre la necesidad del hombre de abandonar la independencia y de reconocer su dependencia de Dios. Por lo tanto, cualquier persona que desee avivamiento hoy, debe empezar por reconocer su incapacidad para establecer una relación correcta con Dios a través de su esfuerzo humano y buenas obras, tanto en la experiencia del nuevo nacimiento como en el mantenimiento diario de la vida Cristiana. El libro de Romanos tiene que ver directamente con la misma actitud de dependencia de uno mismo que aún se difunde por todo el mundo. Es por eso que Romanos sigue siendo para nosotros tan oportuno hoy como cuando fue escrito originalmente.

A través de esta breve sinopsis del libro de Romanos las verdades fundamentales del Evangelio estallan a plena vista. ¡Prepárate para escudriñar las profundidades de la gracia de Dios!

CAPÍTULO 1

¡Las Buenas Nuevas!

Pablo escribió el libro de Romanos como una carta a los Cristianos en Roma. Estos creyentes Romanos eran en su mayoría Gentiles que habían recibido el Evangelio, habían vuelto a nacer y estaban comprometidos a seguir al Señor. Sin embargo, estaban siendo molestados por creyentes Judíos que estaban tratando de mezclar la ley del Antiguo Testamento con el Cristianismo.

En los primeros días de la iglesia, muchos Judíos renacidos creían verdaderamente que el Cristianismo era simplemente una extensión del Judaísmo. Por lo tanto, consideraban que los dogmas básicos de la fe Judía (especialmente la ley del Antiguo Testamento, las reglas dietéticas, el rito de la circuncisión, y muchas otras prácticas religiosas) aún eran los fundamentos de su nueva fe en Cristo. Estaban tratando de mezclar el Antiguo Pacto con el Nuevo Pacto.

Pablo, el apóstol de la gracia enviado a los Gentiles, valerosamente proclamó que la circuncisión y todas las otras adhesiones a la costumbre Judía y a la ley no eran

> Cualquiera que verdaderamente entienda y abrace el mensaje del libro de Romanos, cambiará por siempre la forma como se relaciona con Dios.

necesarias para la salvación. Su constante lucha con los Judíos legalistas (llamados "Judaizantes")[1] está bien documentada en el libro de Hechos.

Aunque fue escrita con el mismo propósito que Romanos, la epístola de Pablo a los Gálatas contiene varios reproches severos en contra del legalismo. Pablo empezó diciendo: "Si alguien predica otro Evangelio diferente del que yo prediqué, ¡sea anatema!" (Gá. 1:8, *paráfrasis del autor*). Luego lo repitió para enfatizar (v.9). Pablo también llamó a los Gálatas insensatos y fascinados (Gá. 3:1) por creer esta mentira legalista, diciéndoles que si estaban confiando para su salvación en cosas tales como la circuncisión (Gá. 5:3), habían caído de la gracia.

De Cristo os desligasteis, los que por la ley os justificáis; de la gracia habéis caído.

Gálatas 5:4

Romanos presenta estas mismas verdades, pero desde un punto de vista más doctrinal. Quienquiera que haya escrito Hebreos–yo tiendo a creer que fue Pablo– también lidió con estas mismas cosas. Escrito específicamente para una mentalidad Judía religiosa, el libro de Hebreos sostiene la fe en la obra terminada de Cristo usando la tradición Judía (los patriarcas del Antiguo Testamento, el tabernáculo, el sacerdocio, los sistemas de sacrificio, entre otros) y mostrando cómo Jesús cumplió perfectamente con todo.

Romanos expone la gracia del Señor Jesucristo a ambos creyentes, Judíos y Gentiles. ¡Está escrito para todos! Cualquiera que verdaderamente entiende y abraza este mensaje cambiará para siempre la forma de relacionarse con Dios. La revelación de la gracia de Dios contenida en Romanos lleva a los creyentes, de una mentalidad de obras –que basa la relación con Dios en nuestros propios esfuerzos–a una dependencia y confianza totales en el Señor, Su bondad, y gracia. La salvación tiene que ver totalmente con la fidelidad de Dios–¡no la nuestra!

Esta revelación es fundamental para mantener una relación íntima con Dios. A lo mejor podemos portarnos bien por un rato, pero la verdad es que todos hemos pecado y estamos destituidos de Su gloria (Ro. 3:23). ¡Necesitamos a un Salvador! Debemos poner nuestra fe constantemente en la bondad de Dios, y no en la nuestra.

> Muchas cosas que no son buenas nuevas han sido promovidas como "el Evangelio".

El Evangelio

Pablo empezó la carta con saludos. Él elogió a los creyentes en Roma por la forma en como se hablaba de su fe por todo el mundo. A continuación, después de expresar su deseo de visitarlos, resumió el mensaje de todo el libro:

> *No me avergüenzo del Evangelio, porque es poder de Dios para salvación a todo aquel que cree; al Judío primeramente, y también al Griego. Porque en el Evangelio la justicia de Dios se revela por fe y para fe, como está escrito: Mas el justo por la fe vivirá.*
>
> Romanos 1: 16,17

Los primeros cinco capítulos de Romanos enseñan que el Evangelio es el poder de Dios. Es lo que produce la vida de Dios en la gente.

Antes de que veamos todo esto, necesitamos definir la palabra *Evangelio*. Esta palabra se ha vuelto un término religioso que en realidad ha perdido mucho significado hoy. Mucha gente relaciona *Evangelio* con cualquier cosa que tenga que ver con la religión, específicamente la religión Cristiana. Pero la palabra *Evangelio* literalmente significa "buenas nuevas,"[2] o "buenas noticias".[3]

> No tenemos que expiar nuestro propio pecado. No tenemos que hacernos lo suficientemente santos para ganar nuestra salvación.

La palabra Griega *euaggelion,* que fue traducida como "Evangelio" en setenta y cuatro versos del Nuevo Testamento,[4] era tan rara en escritos fuera del Nuevo Testamento que solamente se encuentra dos veces en los manuscritos ajenos a la Biblia a los que tenemos acceso. La razón es que esta palabra no sólo significaba "buenas nuevas", sino que de hecho describía noticias que son muy buenas para ser creíbles. No había mucho en el mundo que fuera muy bueno para ser creído antes de que Jesús viniera. Pero los escritores bíblicos adoptaron esta palabra porque era muy descriptiva de lo que el Señor hizo por nosotros.

El Evangelio es buenas nuevas–¡no malas nuevas! Eso limita definitivamente el significado que le queremos dar a la palabra *Evangelio*. Muchas cosas que no son Buenas Nuevas han sido promovidas como "el Evangelio". Por ejemplo, bastante gente en la llamada "cultura Cristiana" de los Estados Unidos relaciona al Evangelio con la enseñanza que dice: "¡Eres un pecador. Si no te arrepientes, te vas a ir al infierno!" Bueno, estas declaraciones son verdaderas. Hay un cielo y un infierno, un Dios y un diablo, y tú irás al infierno si no te arrepientes y recibes salvación. Pero aunque todo esto es verdad, no son buenas nuevas.

Un Don Gratis

Mucha gente ha pensado equivocadamente que el Evangelio

es predicar sobre el infierno y ahuyentar a la gente de éste. Eso no es lo que Pablo enseñó en Romanos. De hecho conforme profundizamos más a fondo en esto–mostrando el contexto y a quién le estaba escribiendo–verás cómo esto es lo opuesto a lo que él verdaderamente estaba diciendo. ¡Es la bondad de Dios la que nos lleva al arrepentimiento! (Ro. 2:4).

Aunque es verdad el decirle a alguien que su pecado lo ha separado de Dios y ha sido la causa de que merezca condenación eterna, las buenas nuevas son que Jesús vino y llevó todo nuestro pecado por

> Nadie puede salvarse a sí mismo.

nosotros. No tenemos que hacer expiación por nuestro propio pecado. No tenemos que ser lo suficientemente santos para ganar salvación. Es un regalo.

La paga del pecado es muerte, mas la dádiva de Dios es vida eterna en Cristo Jesús Señor nuestro.

Romanos 6:23

La mayoría de las religiones hoy en día se especializa en la primera parte de ese verso –"Porque la paga del pecado es muerte"– y lo llaman el Evangelio. Ellas predican de todo corazón sobre el infierno, el fuego y la condenación. Yo lo sé. Yo crecí en una de esas iglesias. La gente literalmente agarraba el asiento de enfrente hasta que sus nudillos se ponían blancos. Tales eran la certeza y el remordimiento que sentían. Hay lugar para eso, pero no es el Evangelio si todo lo que se presenta es la ira de Dios y su juicio sobre el pecado. El verdadero Evangelio específicamente se refiere a los medios por los que somos salvos. Somos salvos por fe en lo que Jesús hizo por nosotros, no por fe en lo que nosotros hacemos por Él.

El Evangelio es el don gratuito de Dios de vida eterna a través de Jesucristo nuestro Señor. Las buenas nuevas son que Dios no quiere enviar a nadie al infierno. Tú no tienes que atravesar por grandes cantidades de prácticas o instrucciones religiosas. Es un regalo. Todo lo que debes hacer es creer y recibir. Cree en lo que Jesús ha hecho a través de Su muerte, entierro y resurrección, y recibe la limpieza de todo tu pecado y la libertad que esto trae. ¡Eso es el Evangelio!

La Gracia de Dios

El Evangelio está directamente relacionado con la gracia de Dios. Ésa es la única forma como podemos obtener este perdón de nuestros pecados. No fue a través de nuestra santidad o buenas obras. Dios no sólo toma a la gente "buena" y los salva. Él justifica (extiende salvación hacia) el impío (Ro. 4:5).

> "Si estás tratando de justificarte por algo más que fe en Cristo, entonces no estás creyendo en el verdadero Evangelio".

Esto causa muchos problemas para la gente religiosa. Ellos dicen: "¡Espera un momento! Yo creo que debes hacer esto y aquello para ser santo". La religión–la falsa religión, los conceptos del hombre, no la salvación ordenada por Dios–enseña que la relación correcta con Dios y las bendiciones vienen como resultado de nuestra bondad y obras. Siempre predica: "Debes venir a esta iglesia. Debes pagar tu diezmo, haz esto, y lo otro. Y si haces todas estas cosas, entonces Dios te va a aceptar". ¡Eso es anti-Evangelio!

Va en contra de las buenas nuevas de la gracia de Dios, porque está poniendo la carga de la salvación en tu espalda–y tú no puedes llevarla. Nadie puede salvarse a sí mismo.

Esto es básicamente el falso "Evangelio" que la religión predica hoy en día. A lo mejor hasta hablan del Dios único y verdadero y usan terminología como "Dios Padre". A lo mejor hasta mencionan que Jesús es el Salvador del mundo que murió por nuestros pecados. Pero en su esencia, es otro "Evangelio"— que no es Evangelio para nada (Gá. 1:6,7).

En Gálatas, Pablo desaprobó airadamente esta perversión de las buenas nuevas. Ellos no negaron las verdades básicas del Evangelio. Sólo lo pervirtieron y trataron de añadirle algo, diciendo: "Bueno, sí, Jesús es el Salvador. Pero la salvación también se basa en tu propia bondad, santidad y comportamiento. Es Jesús más el hecho de que tú hagas todas estas cosas". Pablo declaró: "¡No, no, no,—y mil veces no! Si estás tratando de ser justificado por otro medio que la fe en Cristo, entonces no estás creyendo en el verdadero Evangelio".

El Evangelio no es sólo creer que hay salvación, sino que también es el método específico por el cual se obtiene salvación. "Si actúas bien y te portas bien, entonces serás bueno" no es el verdadero Evangelio. Pon atención a lo que Pablo dijo cuando se estaba dirigiendo a la primera conferencia de ministros en Éfeso:

> *De ninguna cosa hago caso, ni estimo preciosa mi vida para mí mismo, con tal que acabe mi carrera con gozo, y el ministerio que recibí del Señor Jesús, para dar testimonio del **Evangelio de la gracia de Dios.***
>
> Hechos 20:24

Otra forma como Pablo pudo haber dicho esto es: "Estoy dando testimonio del Evangelio–que son las buenas nuevas de la gracia de Dios". En otras palabras, el Evangelio y la gracia son términos que se pueden intercambiar. Las buenas nuevas–o el Evangelio–son la gracia de Dios.

La Gracia Equivale al Evangelio

Alguien podría decir: "Bueno, estoy predicando el Evangelio: Dios odia el pecado y está enojado contigo. Arrepiéntete o quémate. ¡Cambia tu conducta o estás en un gran problema!" Eso no es el Evangelio porque no está hablando de la gracia de Dios. Sí, hay un castigo por el pecado–pero el Evangelio enfatiza la respuesta de Dios a esto.

Pablo también usa estos dos términos – el *Evangelio* y la *gracia* – indistintamente en Gálatas. Date cuenta cómo "la gracia de Cristo" claramente supone el Evangelio.

*Estoy maravillado de que tan pronto os hayáis alejado del que os llamó por la **gracia de Cristo**, para seguir un Evangelio diferente.*

Gálatas 1:6

El libro de Gálatas fue escrito por la misma razón que el libro de Romanos: para establecer la gracia de Dios.

El Evangelio es buenas nuevas. Específicamente se refiere a lo que Jesús hizo por nosotros. Está basado en Su comportamiento, no el nuestro. Nuestras buenas obras y "santidad" no nos hacen acreedores de la salvación. Tenemos que salirnos de esta dependencia de nosotros mismos. Es triste decirlo, pero mucho de lo que se llama Evangelio hoy en día en realidad promueve la confianza en uno mismo en vez de la confianza en el Salvador. Este tipo de religión es falsa.

El Único Camino a la Salvación

La gracia es lo que distingue al Cristianismo de todas las otras religiones del mundo. Posiblemente otras religiones reconozcan y adoren a "un Dios verdadero". A lo mejor hasta están de acuerdo en que Jesús existió y que sus enseñanzas son admirables. Dicen que era un buen hombre, quizá hasta un profeta, pero definitivamente no era Dios manifestado en la carne. La religión rechaza el reconocer a Jesucristo como el único camino a la salvación–a una relación correcta con Dios.

Toda religión falsa–aun el Cristianismo religioso–pone la carga de la salvación sobre el individuo. En otras palabras la "salvación" se basa en tu comportamiento. Si tú vives con suficiente santidad, haces suficientes cosas buenas, practicas todas estas reglas y rituales, entonces posiblemente puedas ser salvo. El problema es–y el libro de Romanos lo deja claro como el agua, que ninguno de nosotros puede alcanzar estos estándares. ¡No podemos salvarnos a nosotros mismos!

El verdadero Cristianismo es la única fe en la faz de la tierra que tiene un Salvador. En el día del Juicio, cada uno de nosotros debe levantarse solo ante Dios y responder a la pregunta: "¿Qué te hace digno de entrar en mi presencia?" Los seguidores de todas las otras religiones van a decir: "Yo fui santo y le di a los pobres. Nunca hice estas cosas y siempre hice estas otras. Hasta fui de viaje a la ciudad santa y practiqué los rituales prescritos. Oré tres veces al día, y ayuné". Sin embargo, la Palabra claramente revela que todos han pecado y están destituidos de la gloria de Dios (Ro. 3:23). ¿Quién quiere ser el mejor pecador de todos los que han ido al infierno? Por lo tanto, simplemente no puedes confiar en ti mismo para tu salvación.

> El Evangelio—como se le refiere en el libro de Romanos—habla de las buenas nuevas de una salvación que es independiente de nuestro comportamiento.

Sin embargo, un creyente renacido contestaría la misma pregunta de forma diferente. Él diría: "Jesucristo es mi Señor y Salvador. Estoy confiando completamente en su bondad y su comportamiento. Definitivamente no es nada de lo que yo he hecho. Entro con base en lo que Él hizo por mí a través de Su muerte, Su entierro y Su resurrección". ¡Éste es el enfoque correcto!

Independiente de Nuestro Comportamiento

Muchas de las personas alrededor del mundo que se han adherido al "Cristianismo" nunca han escuchado la predicación del verdadero Evangelio referente a la gracia y la bondad de Dios. Simplemente están substituyendo las acciones que se deben hacer en el Cristianismo por las que se deben hacer en el Islamismo, el Hinduismo, o el Budismo, o en alguna otra religión. Para muchas personas el Cristianismo no es más que un juego diferente de reglas y doctrinas, por las que deben ganar su entrada a la presencia de Dios. Esto no es el verdadero Evangelio–y es exactamente lo que el libro de Romanos confronta.

El Evangelio, como se le menciona en Romanos, habla de las buenas nuevas de salvación que es independiente de nuestro comportamiento. Es por la gracia de Dios. Es algo tan bueno que es difícil creer que sea cierto. Pero lo es. ¡Gracias, Jesús!

CAPÍTULO 2

Sin Excusa

Esta palabra –*salvación*– se ha convertido en un cliché religioso que mucha gente relaciona con la experiencia inicial del nuevo nacimiento.

> *No me avergüenzo del Evangelio, porque es poder de Dios para salvación a todo aquel que cree; al judío primeramente, y también al griego.*
>
> Romanos 1:16

Aquéllos quienes han sido expuestos al Cristianismo evangélico a menudo creen que la salvación es una experiencia única donde sus pecados pasados son perdonados. Esta experiencia continúa indefinidamente y crecemos en ella, pero hay un lugar bien definido donde empezó –una experiencia donde pasas de la muerte a la vida. Aunque esto es verdad, es incompleto. La salvación Bíblica no se limita solamente a esta experiencia del nuevo nacimiento donde nuestros pecados son perdonados.

Un Paquete con Todo Incluido

La salvación es todo lo que Jesús compró para nosotros a través de la expiación. *Sozo,* la palabra Griega que se tradujo como "salvación" en la mayoría de los casos en el Nuevo Testamento, significa más que sólo el perdón de los pecados. También significa sanidad, liberación, y prosperidad.[1] *Sozo*–salvación–es una palabra que lo incluye todo y resume todo lo que Cristo proveyó para nosotros a través de Su muerte, Su entierro y Su resurrección.

Sozo también fue usada con referencia a la sanidad en varias ocasiones en el Nuevo Testamento. Santiago 5:14-15 vívidamente ilustra cómo la salvación incluye tanto la sanidad como el perdón de los pecados:

> *¿Está alguno enfermo entre vosotros? Llame a los ancianos de la iglesia, y oren por él, ungiéndole con aceite en el nombre del Señor. Y la oración de fe salvará* [sozo] *al enfermo, y el Señor lo levantará; y si hubiere cometido pecados, le serán perdonados.*

Dios está más allá de ser impugnado en cualquier forma. Él es perfecto y fiel. Todas sus promesas son verdaderas.

La salvación es un paquete con todo incluido. No sólo es el perdón de los pecados, sino que también incluye sanidad, liberación, y prosperidad. Por lo tanto, cuando la escritura dice que el Evangelio es el poder de Dios para la salvación, no está hablando solamente de cómo ser vuelto a nacer y que tus pecados sean perdonados; también significa que el Evangelio–la gracia de Dios–es el poder de Dios para la salvación, para la liberación, para la prosperidad–para todo lo que recibimos como resultado de ser vueltos a nacer. Está hablando de tu relación con Dios.

¿Necesitas ser sano? El poder de la sanidad está en el Evangelio. ¿Necesitas prosperar en tus finanzas? El poder de la prosperidad en las finanzas está en el Evangelio. ¿Necesitas ser liberado del poder de influencias demoníacas, de depresión, de ti mismo, o de algo más? ¡El poder para la liberación está en el Evangelio!

El Arma más Grande de Satanás

A lo mejor estás pensando, pero ya he escuchado el Evangelio y todavía necesito sanidad en mi cuerpo. No creo que en realidad hayamos entendido el Evangelio. El Evangelio es más que sólo entender *que* Jesús vino a la tierra a liberarnos. También es el comprender *cómo* Dios nos libera a través de la venida de Jesús a la tierra. Es el cómo nos relacionamos con Jesús con base en la gracia (lo que Jesús hizo) en vez de en nuestro comportamiento (lo que nosotros hacemos).

> La mayoría de la gente cree que Dios se mueve en sus vidas en proporción a su comportamiento.

Satanás quiere conducirnos a que ganemos las cosas de Dios, para convertirnos en nuestro propio salvador, para poner nuestra fe en lo que hemos hecho en vez de ponerla en Cristo como nuestro único medio para recibir de Dios. ¡Ésta es su mayor arma en contra de nosotros!

El diablo no puede desacreditar a Dios eficazmente. Cualquiera que haya tenido un encuentro con el Señor, y tenga algo de sentido común, sabe que Dios está fuera de la posibilidad de ser impugnado en cualquier forma. Él es perfecto y fiel. Todas sus promesas son verdaderas. Esto no es ni siquiera un asunto de discusión.

Así que en vez de decirle a la gente directamente que Dios no sana (prospera, libera) hoy, Satanás, los engaña para que piensen que deben hacer algo para ganar la provisión de Dios. Esto ocasiona que duden de la disponibilidad del Señor para usar Su habilidad a su favor. En vez de relacionarse con Dios y recibir en base a Su gracia, bondad y misericordia, tratan de ganar el don de Dios a través de su esfuerzo humano. ¿Puedes ver cómo esta mentira es contraria al Evangelio?

> "El Señor nos ama a pesar de ser quienes somos y de lo que hemos hecho".

He tenido mucha gente que viene a mí en las filas de oración, preguntando: "¿Por qué no estoy sano? He ayunado, orado, y estudiado la Palabra. Pago mi diezmo y voy a la iglesia. ¡Estoy haciendo lo mejor que puedo! ¿Qué es lo que Dios pide?" Una persona como ésta me acaba de decir por qué no ha sanado. No señalaron lo que Jesús hizo por ellos. La mayoría de la gente cree que Dios actúa en sus vidas proporcionalmente a su comportamiento. ¡Esto no es verdad!

Pablo predicó en contra de esto. Él escribió esta carta a un grupo de gente que había sido influenciada por el pensamiento Judío. La mentalidad Judía se basaba en el concepto de que tú debías guardar la Ley, hacer todas estas cosas, y sólo si eras lo suficientemente santo Dios te aceptaría. En otras palabras, éste era un sistema religioso que predicaba: "Dios es Dios y tú un pecador. Él está enojado contigo. ¡A menos que te arrepientas, no habrá misericordia para ti!" Era un sistema de pensamiento religioso que usó el predicar la ira de Dios para que la gente dejara el pecado a través del temor al castigo.

Entonces Pablo vino y dijo: "¡No estoy avergonzado del Evangelio!" Esta palabra *evangelio* se ha convertido en un cliché religioso que muchos de los que lo abrazan hoy en día, ni siquiera conocen su significado. Pero en los días de Pablo, sabían exactamente lo que él decía. Él estaba hablando con personas que estaban literalmente tratando de echar fuera de la gente al demonio, a través del miedo a la ira y el castigo. Ése era su enfoque total hacia Dios. En medio de esta forma de pensar caminó el apóstol de la gracia, diciendo: "No estoy avergonzado de hablarle a la gente sobre la bondad, la gracia y la misericordia de Dios. El Señor nos ama a pesar de ser quienes somos y de lo que hemos hecho". Pues bien ¡éstas son buenas nuevas!

Conocimiento Intuitivo

Por supuesto, la gente religiosa en los días de Pablo pensó que esto era terrible. "¡Lo que está predicando es herejía! Las personas necesitan reconocer a Dios y relacionarse con Él basadas en lo muy arrepentidas que están. No somos más que gusanos ante sus ojos. ¡No somos buenos!" Esto es verdaderamente un engaño. "Dios está enojado conmigo. Tengo que mejorar y hacer todas estas cosas". ¡Incorrecto! En la superficie parece que realmente se están negando a sí mismos pero en realidad están haciendo que la relación de esa persona con Dios dependa de ellos mismos, de lo que han hecho por el Señor, qué tan santos son, cuánto se han negado a sí mismos, qué tan buenos son. Esta en realidad es una forma egoísta y dependiente de uno mismo para acercarnos a Dios.

Pablo vino y habló sobre la bondad y la gracia de Dios. Él dijo que debemos recibir sólo por gracia. Es la bondad de Dios la que nos lleva al arrepentimiento. (Ro. 2:4). La única forma como podemos apartarnos de la dependencia de nosotros mismos es el poner toda nuestra fe, dependencia, y esperanza en la bondad, misericordia y gracia de Dios.

El poder está contenido en el Evangelio. Nuestra santidad y esfuerzos para actuar no nos librarán de la culpa y la condenación. Tenemos que humillarnos y decir: "Padre, no lo puedo hacer.

Necesito un Salvador. Vengo a Ti y me someto a Tu bondad, misericordia y gracia". Esto es lo que rompe el dominio del pecado sobre nosotros.

Puesto que la mayoría de la gente se relaciona con Dios con una base de temor en vez de amor, sin duda la respuesta inmediata de aquéllos a los que Pablo les estaba escribiendo hubiera sido: "¡Pero no puedes hacer esto! Las gentes tienen que saber lo impías que son. ¿Cómo van a renunciar al pecado si no entienden la ira de Dios?" Pablo contestó esta pregunta al decir:

> *La ira de Dios se revela desde el cielo contra toda impiedad e injusticia de los hombres que detienen con injusticia la verdad; porque lo que de Dios se conoce les es manifiesto, pues Dios se lo manifestó* [tiempo pasado].
>
> Romanos 1: 18,19

La ira de Dios ya ha sido revelada intuitivamente dentro de cada persona. Cada individuo tiene dentro de sí un conocimiento intuitivo de la ira de Dios en contra de toda la impiedad y la injusticia del hombre. Así que cuando alguien se pregunta: *¿Si sólo le hablo a la gente de la bondad de Dios, cómo entenderán que son pecadores que tienen necesidad de ser salvos y de renunciar al pecado?* La respuesta de Pablo fue que ellos ya lo saben. En sus corazones la gente ya sabe que no son Dios, sino pecadores que necesitan salvación.

No hay Ateos en las Trincheras

Las cosas invisibles de Él, su eterno poder y deidad, se hacen claramente visibles desde la creación del mundo, siendo entendidas por medio de las cosas hechas, de modo que no tienen excusa.

Romanos 1:20

Incluso las gentes que han vivido en las partes más remotas de la tierra y nunca han escuchado a nadie que les predique el Evangelio, serán responsables hacia Dios cuando estén enfrente de Él algún día en la eternidad. ¿Por qué? Porque ellas tenían este conocimiento intuitivo de que hay un Dios, que están separados de Él y tienen la necesidad de ser salvos. No tendrán "pretexto". Muchos pasajes del Antiguo Testamento están de acuerdo con esto.

Vi esta verdad ilustrada vívidamente cuando fui un soldado en Vietnam. Fuera de mi cuartel general, había tres templos muy viejos que estaban situados uno al lado del otro. Puesto que sólo había aproximadamente unos 30 cm de distancia en medio de ellos, juntando los tres parecía como si fuera un templo mayor. Cuando los vi en ese tiempo, había árboles creciendo de ellos y algunas partes se estaban cayendo a causa de los efectos del tiempo y la falta de uso. Cuando pregunté acerca de ellos, alguien me dijo que estos templos precedieron la introducción del Cristianismo en Vietnam por lo menos en 500 años. Sin embargo, esta gente adoraba a un Dios que se había manifestado en tres personas. Esto se relaciona con lo que el Cristianismo llama *la Trinidad*. No estoy diciendo que esta gente adoraba al Dios verdadero o que tenía una verdadera revelación de Él. Pero esto muestra este conocimiento intuitivo de la Divinidad al que Pablo se estaba refiriendo en los versos 18-20.

Muchos de mis compañeros soldados en Vietnam profesaban ser ateos. Ellos trataban de negar en sus corazones este conocimiento de que eran pecadores. Uno de estos compañeros entró desdeñosamente en uno de mis estudios Bíblicos y lo arruinó. Me lanzó preguntas intelectuales arrogantes que no pude contestar. Se fue riéndose y se llevó a toda la gente con él.

Todo parecía indicar que yo era un completo perdedor en esa situación.

Mientras él me estaba atacando, yo continuaba contestando: "Yo no sé las respuestas a todas estas preguntas, pero sé en mi corazón que Dios es real. Y yo sé que tú sabes en tu corazón que Dios es real. Sólo estás tratando de engañarte a ti mismo". Él continuó contestando: "No, no hay Dios. No tengo convicción, o consciencia de Dios". Él mantuvo esa posición todo el camino hasta la puerta.

Sin embargo en unos treinta minutos regresó a la capilla donde yo estaba sentado y empezó a llorar. Entre lágrimas, él sollozó: "Quiero lo que tú tienes. ¡Yo sé que hay un Dios!" Te das cuenta, cuando las bombas empezaban a caer y las balas empezaban a volar, escuchaba a algunos de esos muchachos que se llamaban *ateos* clamar a Dios por misericordia a todo pulmón. El viejo dicho suena verdadero: ¡No hay ateos en las trincheras!

Pasos Progresivos

Lo que Pablo dijo en Romanos 1:18-20 es verdad. Cada persona tiene este conocimiento intuitivo de Dios. Cierto, a lo mejor recurren a un subterfugio y tratan de evadirlo. Pero finalmente, la verdad es que este conocimiento realmente ha venido a ellos.

En el resto del capítulo 1 del libro de Romanos, Pablo empezó a explicar cómo estas gentes –que tienen este conocimiento intuitivo de la ira de Dios–terminan viviendo como lo hacen. Es un cambio gradual.

Pues habiendo conocido a Dios [este conocimiento intuitivo], *no le glorificaron como a Dios, ni le dieron gracias, sino que se envanecieron en sus razonamientos, y su necio corazón fue entenebrecido.*

Romanos 1:21

Sus corazones se endurecieron hacia las cosas de Dios. Entonces, desde ese momento, hubo pasos progresivos que más los alejaron de Él. En su necedad (v. 22) adoraron animales (v. 23) deshonraron sus cuerpos (v. 24), y se volvieron idólatras (v. 25). Por esto Dios los entregó a "pasiones vergonzosas" (v. 26) y a una "mente reprobada" (v. 28). El resto del primer capítulo de Romanos muestra los pasos progresivos que siguieron para apartarse de Dios.

El caso es que no tienes que bombardear literalmente a la gente con su pecado y con el hecho de que son pecadores camino al infierno. En el fondo de sus corazones ellos ya lo saben por este conocimiento intuitivo. A lo mejor vas a tener que pasar un tiempo en este tema con el objetivo de establecer tu mensaje y que toque el corazón, pero no con el enfoque legalista de los Judíos que condena a las gentes y pone muchas restricciones y ataduras en ellas. Pablo decía: "Ése no es el verdadero enfoque".

> No necesitamos convencer a la gente de que son pecadores y condenarlos. Necesitamos mostrarles la salida del embrollo en el que están.

Es el Evangelio–las nuevas casi demasiado buenas para ser verdaderas acerca de que Dios ha proveído la salvación para nosotros por gracia–lo que da el poder al los hombres para recibir el perdón de sus pecados, la sanidad de sus cuerpos, la liberación de la opresión de Satanás, y cualquier otra cosa que necesiten. No tenemos que convencer a las gentes de que son pecadoras y condenarlas. Ellas ya lo saben y se sienten condenadas. Necesitamos mostrarles la salida del embrollo en el que están. ¡Eso es lo que hace el Evangelio!

CAPÍTULO 3

El Propósito de la Ley

En el segundo capítulo de Romanos, Pablo comenzó a ocuparse de estos Judíos que estaban confiando en toda su bondad, diciendo: "Tú eres tan culpable como esta otra gente. Aparte de este conocimiento intuitivo que todos tienen, a ti también se te ha dado la ley de Dios. No sólo tienes una señal interna, pero también tienes una externa. ¡Por lo tanto, tu culpa es doble!"

> La salvación es todo lo que necesitas—perdón de los pecados, sanidad, liberación, y prosperidad.

¿O menosprecias las riquezas de su benignidad, paciencia y longanimidad, ignorando que su benignidad te guía al arrepentimiento?

Romanos 2:4

La bondad de Dios es lo que hace que la gente se arrepienta, no Su ira. Posiblemente la ira de Dios pueda atraer su atención, pero no puede cambiar sus corazones. Sólo Su bondad y misericordia pueden hacer esto.

Con misericordia y verdad se corrige el pecado, y con el temor de Jehová los hombres se apartan del mal.

Proverbios 16:6

El temor de Dios puede hacer que alguien disminuya la cantidad de sus pecados, pero no puede limpiarlo de su iniquidad. La misericordia y la verdad son necesarias para eso. Un individuo puede ser llevado a través de la predicación de la ira y el juicio de Dios, al punto de reconocer su necesidad de salvación. Pero no tiene poder para cambiar su vida. Es la bondad de Dios la que guía a la gente al arrepentimiento.

¡Culpable!

Esto es con lo que Pablo lidió en el segundo capítulo de Romanos. Estos Judíos menospreciaban a esta gente que no era religiosa porque no estaban observando los rituales y los estándares de santidad de la ley. Estaban señalando con el dedo diciendo: "¡No es posible que tú puedas ser aceptado por Dios!" Pablo les devolvió la pelota y declaró: "Están empeorando la situación para ustedes." Puesto que a ustedes se les ha dado un conocimiento superior de los estándares correctos de Dios a través de la ley además de su conocimiento intuitivo, ¡son doblemente culpables! Ahora tienen una comprensión mental de lo que se requiere de perfección, y no están cumpliendo con ello". El objetivo de esto, por supuesto era el callarles la boca.

Pablo resumió todo esto en el capítulo 3, diciendo: "No importa si eres un Judío o Gentil, si eres religioso o no–todos son culpables delante de Dios. La persona religiosa realmente no tiene ventaja. La religión no te acerca más a Dios. En realidad te hace más responsable (culpable), que la persona que no ha aprendido todos estos estándares de justicia.

Como está escrito: No hay justo, ni aun uno; No hay quien entienda. No hay quien busque a Dios.

Romanos 3: 10,11

En este contexto, el meollo del asunto que Pablo estaba tratando es que ni la persona que no es religiosa ni la religiosa son capaces de estar delante de Dios. La persona que no es religiosa no puede afirmar una ignorancia total, por su conocimiento intuitivo; y la persona religiosa no puede reclamar aceptación y exigir una relación con Dios porque está por debajo del estándar de las mismas cosas que conoce tanto mental como intuitivamente.

¿Para Quién es la Ley?

Todos se desviaron, a una se hicieron inútiles; no hay quien haga lo bueno, no hay ni siquiera uno... Pero sabemos que todo lo que la ley dice, lo dice a los que están bajo ley, para que toda boca se cierre y todo el mundo quede bajo el juicio de Dios.

Romanos 3: 12,19

Pablo ya ha dicho que es el Evangelio–las buenas nuevas sobre la misericordia y la gracia de Dios–lo que produce la salvación.

La salvación es todo lo que necesitas: el perdón de los pecados, la sanidad, la liberación, y la prosperidad. Es un don, no algo que tú ganas.

Él también mostró que la gente que no es religiosa ya tiene un conocimiento de la ira de Dios, y que la gente religiosa es doblemente culpable. Todos somos culpables ante Dios. Éste es el meollo del asunto que Pablo acababa de aclarar. Luego se volvió a dirigir a la persona religiosa, específicamente a la nación Judía, y dijo unas cosas sorprendentes.

> Sólo el Evangelio—la gracia de nuestro Señor Jesucristo—puede limpiarnos de nuestro pecado echándolo fuera de nosotros.

Pero sabemos que todo lo que la ley dice, lo dice a los que están bajo la ley, para que toda boca se cierre y todo el mundo quede bajo el juicio de Dios.

Romanos 3:19

¡Qué afirmación tan radical! Algunas gentes creen que la ley fue dada para todos. No, la ley fue dada al Judío religioso. Fue un pacto entre Dios y los Judíos. La ley nunca fue dirigida a los Gentiles. Los Judíos Cristianos decían que los creyentes Gentiles tenían que convertirse al Judaísmo y tenían que cumplir con todas estas leyes antes de que pudieran hacerse Cristianos. Pablo dijo que la ley ni siquiera fue dada a los Gentiles.

Que Toda Boca se Cierre

¿Entonces cuál es el propósito de la ley? De acuerdo al Apóstol Pablo, su propósito es completamente opuesto a lo que la mayor parte de la gente piensa. Él nos lo reveló en Romanos 3, 4, y 5. En Romanos 3 se nos dice que fue dada a aquellos "que están bajo la ley", para que toda boca se cierre y todo el mundo quede bajo el juicio de Dios" (v.19).

La ley nunca fue dada con el propósito de obtener justificación. Eso es lo que los Judíos decían, y es lo que mucha gente dice hoy en día: "Debes observar todos los preceptos de la ley del Antiguo Testamento. Dios te juzga en base a qué tan bien te comportas". ¡No es verdad! Ése no era Su propósito.

Ya que por las obras de la ley ningún ser humano será justificado delante de él, porque por medio de la ley es el conocimiento del pecado.

Romanos 3:20

La ley no fue dada para producir salvación o el perdón de los pecados. La misericordia y la verdad son las que corrigen el pecado (Pr. 16:6). El conocimiento del pecado y de la ira de Dios podría motivar a la gente a disminuir la cantidad de pecados a través del temor, pero es totalmente incapaz de alguna vez poder perdonar o limpiarnos de ese pecado. Sólo el Evangelio–la gracia de nuestro Señor Jesucristo–puede echar nuestro pecado fuera de nosotros.

De acuerdo a Romanos 3:19, el propósito de la ley es el callarte la boca. En otras palabras, la ley quita todos tus pretextos y comparaciones. Te da un conocimiento del pecado y te hace culpable delante de Dios.

Anunciando al Eterno

Ahora, aparte de la ley, se ha manifestado la justicia de Dios.

Romanos 3:21

Aquí está otra afirmación radical. Pablo decía que la justicia de Dios sin la ley está manifestada. En otras palabras, puedes hacerte justo, disfrutar una relación correcta con Dios–como si nunca hubieras pecado–y ser completamente perdonado, limpio y puro ante los ojos de Dios, sin guardar la ley. Esto molesta a la gente religiosa hoy tanto como lo hizo en los días de Pablo.

Ahora, aparte de la ley, se ha manifestado la justicia de Dios, testificada por la ley y por los profetas.

Romanos 3:21

Todo el Antiguo Testamento –la ley y los profetas– apuntaban hacia esto. Ellos lo prefiguraron y lo profetizaron. La gente que toma los mandamientos de la ley del Antiguo Testamento y enseña que debes cumplirlos para ser aceptado por Dios, malinterpretan totalmente el propósito de ésta. La ley y los profetas dan testimonio de la venida del Justo –el Señor Jesucristo–y de la justicia dada como un don gratis a través de la fe en Su nombre. La ley era algo temporal que proyectó y profetizó la venida del Eterno.

> La ley no nos fortaleció en nuestra batalla en contra del pecado. Fortaleció al pecado en su batalla en contra de nosotros.

Reconozco que estoy cubriendo mucho material fundamental rápidamente. Para un estudio más profundo, te invito a que consigas mi estudio titulado *La naturaleza de Dios*.[1]

La mayoría de las personas piensan que la ley fue dada por Dios para mostrarnos todas las cosas que teníamos que hacer para lograr estar bien con Él. ¡Falso! Ése no es el propósito de la ley. Recuerda, la ley cierra nuestras bocas al hacernos conscientes de nuestro pecado y de nuestra culpa delante de Dios.

La Fuerza del Pecado

¿Qué diremos, pues? ¿La ley es pecado? En ninguna manera. Pero yo no conocí el pecado sino por la ley; porque tampoco conociera la codicia, si la ley no dijera: No codiciarás. Mas el pecado, tomando ocasión por el mandamiento, produjo en mí toda codicia; porque sin la ley el pecado está muerto. Y yo sin la ley vivía en un tiempo; pero venido el mandamiento, el pecado revivió y yo morí. Y hallé que el mismo mandamiento que era para vida, a mí me resultó para muerte; porque el pecado,

tomando ocasión por el mandamiento, me engañó, y por él me mató.

Romanos 7: 7-11

La ley revivió al pecado. Revivió el pecado en nuestro interior y le dio una oportunidad en contra de nosotros.

El poder del pecado es la ley.

I Corintios 15:56

La ley no nos fortaleció en nuestra batalla en contra del pecado. Fortaleció al pecado en su batalla en contra de nosotros.

Esto va en contra de la forma de pensar que la mayoría de las personas tienen con respecto a la ley. Ellas piensan que la ley fue dada para romper el dominio del pecado sobre nosotros. ¡No es así!

El pecado no se enseñoreará de vosotros; pues no estáis bajo la ley, sino bajo la gracia.

Romanos 6:14

Si estás bajo la ley, entonces el pecado tiene dominio sobre ti. La ley fortalece al pecado en su batalla en contra de nosotros, no a nosotros en nuestra batalla contra el pecado. ¿Por qué?

Simplemente, el pecado ya nos había vencido. Aun si cumpliéramos con noventa y nueve de cien mandamientos, el que quebrantáramos nos haría culpables de todo.

Porque cualquiera que guardare toda la ley, pero ofendiere en un punto, se hace culpable de todos.

Santiago 2:10

> Dios levantó el estándar a través de la ley tan alto que nadie puede alcanzarlo. Fue para mostrarnos que ninguno de nosotros puede salvarse a sí mismo.

Ante los ojos de Dios, hasta el más mínimo pecado nos contamina. Él no califica por promedios. Él no toma a la gente que tiene un mejor comportamiento para observar la ley como si fueran mejores que los otros. Es todo o nada. O eres perfecto, o necesitas un Salvador. Puesto que nadie puede cumplir con la ley, el pecado ya nos había derrotado. Aquellos que estaban tratando de derrotar al pecado estaban peleando una batalla perdida de antemano, porque todos ya han pecado y están destituidos de la gloria de Dios. (Ro. 3: 23). No había forma de erradicar lo que había sido hecho.

De Espaldas en la Lona

La ley fue dada para sacarnos de nuestro engaño de que podríamos salvarnos a nosotros mismos. Dios reveló lo que la verdadera santidad es para aquellos que piensan, *estoy cerca. Soy una muy buena persona.* Él dio un estándar de santidad que fue tan detallado–del primer paso al paso diez mil– que era imposible que alguien alguna vez lo cumpliera. El propósito de la ley era ponernos de rodillas, diciendo: "¡Si esto es lo que Dios pide, nunca podré hacerlo!" La ley no fue dada para que pudiéramos cumplirla. Fue dada para mostrarnos que nunca podremos cumplirla. Una vez que estamos conscientes de esto, nos encontramos sin alternativa, enfrentando el hecho de que necesitamos un Salvador. Nos damos cuenta de que el perdón y la misericordia son la única vía por la cual alguna vez vamos a tener una correcta relación con Dios. Ése era el propósito de la ley.

Imagínate que estás en un cuarto grande con mucha gente. Si Dios entrara y dijera: "Todos deben saltar y tocar el techo o morirán". ¿Qué harías? Si el techo sólo tenía 2.5m de altura, a lo mejor podrías saltar lo suficientemente alto para salvarte. ¿Pero que tal si el techo tenía 10m de altura? A lo mejor podrías saltar más alto que alguien más, pero si 10m es lo mínimo, estarías condenado. Todo lo que podrías hacer es suplicar misericordia. De la misma manera, Dios levantó el estándar tan alto a través de la ley que nadie puede alcanzarlo. Fue para mostrarnos que ninguno de nosotros puede salvarse a sí mismo. ¡Necesitamos un Salvador!

> La justicia que proviene de Dios es perfecta, santa, e infinitamente más grande que cualquier justicia que pudiéramos alguna vez obtener por nuestros propios esfuerzos.

La ley fue dada para condenarte–para matarte (2Co.3:6,9) esto significa que fue dada para derribarte de espaldas y que sólo puedas ver hacia arriba. Es triste el decirlo, pero la religión lo ha tergiversado de una forma muy sutil. Ha motivado a la gente a abrazar la ley y a que traten de observarla, pensando que así pueden ganar una relación correcta con Dios. ¡Imposible! Eso no puede suceder. Pablo hacía evidente esto en estos pasajes de la Escritura.

> *Ahora, aparte de la ley, se ha manifestado la justicia de Dios, testificada por la ley y por los profetas; la justicia de Dios por medio de la fe en Jesucristo, para todos los que creen en él. Porque no hay diferencia.*
>
> Romanos 3:21,22

El verso 22 enfatiza la justicia de Dios. Hay dos clases de justicia (véase Ro. 9:30;10:10). La justicia que viene por vivir lo mejor que puedas de acuerdo con la ley te puede beneficiar en tus relaciones con otra gente y para limitar los accesos de Satanás a tu vida, pero es totalmente ineficaz para conseguir una relación correcta con Dios. No importa qué tan bien lo hagas, aun así estarás por debajo de lo que el Señor se propuso y exige. Pero la justicia que proviene de Dios–una justicia dada por Dios–es perfecta, santa, e infinitamente mayor que cualquier justicia que pudiéramos obtener a través de nuestros propios esfuerzos.

Todos Estamos en el Mismo Barco

Todos pecaron, y están destituidos de la gloria de Dios.

Romanos 3:23

Esta cita se utiliza a menudo para predicar culpabilidad y condenación. La meta es hacer que la gente sienta que no es digna y reconozca su necesidad de Dios.

Consideremos este verso en su contexto. El verso 22 justamente dice que recibimos "la justicia de Dios por medio de la fe…para todos los que creen en él," hablando de ambos, el religioso y el no-religioso, el santo y el que no es santo. Es un regalo para ambos. Ante los ojos de Dios no hay diferencia. No importa qué tan religioso o "santo" eres, todos tienen pecado en su vida y están destituidos de la gloria de Dios.

El estándar de Dios no soy yo, alguien más, o algún sistema religioso. Es Jesús. Y cada uno de nosotros está por debajo de ese estándar. ¡Nadie llega a la medida de Jesús!

[Estamos] *siendo justificados gratuitamente por su gracia, mediante la redención que es en Cristo Jesús.*

Romanos 3:24

El énfasis aquí está en que todos estamos en el mismo barco. Todos somos pecadores y hemos sido *"justificados gratuitamente por su gracia, mediante la redención que es en Cristo Jesús"*. ¡Esto es poderoso!

Justificado por la Fe

En el resto del capítulo, Pablo hizo un resumen al decir, en esencia: "No importa si eres mejor que alguien más. Todos hemos pecado y estamos destituidos de la gloria de Dios. Por lo tanto, todos necesitamos ser gratuitamente justificados. Tú no puedes declarar que estás más cerca de Dios y que necesitas menos de Su gracia que alguien que anda por ahí viviendo totalmente la vida de un réprobo. Todos necesitamos lo mismo. Todos debemos venir a Dios a través del Señor Jesucristo".

Concluimos, pues, que el hombre es justificado por fe sin las obras de la ley.

Romanos 3:28

1. ¿Cuál es la diferencia entre nuestra justicia y la justicia de Dios?

2. En tus propias palabras, ¿cómo describirías el significado de la frase "todos estamos en el mismo barco" en relación a la observancia de la ley y la gracia?

CAPÍTULO 4

La fe Alcanza la Gracia

¿Luego por la fe invalidamos la ley? En ninguna
manera, sino que confirmamos la ley.

Romanos 3:31

Alguien podría preguntar: "Entonces, ¿por qué dio Dios todos estos mandamientos si la salvación es sólo por gracia?" Otra vez, esto revela un malentendido del propósito de la ley. Todavía están pensando que Dios dio la ley para que pudiéramos observarla y al hacerlo ganar una relación con Él. Ése no es el propósito para nada. En Romanos 4, Pablo siguió usando ejemplos de la Escritura para contestar esta pregunta, empezando con Abraham.

¿Qué pues, diremos que halló Abraham, nuestro
padre según la carne?

Romanos 4:1

Algunas gentes creen que Abraham fue justificado por Dios a través de su vida santa. Sin embargo, cualquiera que piensa esto no ha leído la Escritura con cuidado. ¡Abraham tenía unos verdaderos problemas en su vida!

Si Abraham fue justificado por las obras, tiene de qué gloriarse, pero no para con Dios. Porque ¿qué dice la Escritura? [Entonces Pablo citó Gn. 15:6]. *Creyó Abraham a Dios, y le fue contado por justicia. Pero al que obra, no se le cuenta el salario como gracia, sino como deuda, mas al que no obra, sino cree en aquel que justifica al impío, su fe le es contada por justicia.*

Romanos 4:2-5

Dios le prometió a Abraham que de sus entrañas saldría semilla que sería tan numerosa como las estrellas del cielo, y el polvo de la tierra, y en él todas las naciones de la tierra serían bendecidas (Gn. 12:2-3; 13:16; 15:4-5). Abraham entonces creyó a Dios y el Señor lo consideró–en ese momento–justo (Gn. 15:6; Ro. 4:3). Esto sucedió trece años antes de que Abraham recibiera la señal de la circuncisión, que era la tradición dominante que estos creyentes Judíos legalistas estaban tratando de imponer sobre los Cristianos gentiles. Pablo estaba mostrando cómo estas cosas estaban confirmadas incluso en el Antiguo Testamento. Estaban ahí para los que lo leyeran.

Dios Quiere Tu Corazón

Entonces cambió su atención a David:

Como también David habla de la bienaventuranza del hombre a quien Dios atribuye justicia sin obras, [luego se cita el Salmo 32:1-2] *diciendo: Bienaventurados aquellos cuyas iniquidades son perdonadas, y cuyos pecados son cubiertos. Bienaventurado el varón a quien el Señor no inculpa de pecado.*

Romanos 4:6-8

David estaba profetizando y describiendo el día que tú y yo estamos viviendo–cuando el Evangelio es predicado. Se le había revelado a David que un Salvador estaba por venir. Por supuesto él dio muchas profecías en referencia a esto y por el Espíritu vio la venida de un maravilloso día cuando seríamos justificados sin las

> David sabía que lo que Dios quería en realidad era su corazón.

obras de la ley. Pon atención al verso 8 cómo la Palabra dice: "Bienaventurado el varón a quien el Señor *no inculpará* de pecado". No es solamente que *"no inculpó"* o *"no inculpa,"* sino *"no inculpará"*. La palabra de Dios claramente revela que nuestro pecado pasado, presente, y ¡hasta el pecado futuro ha sido arreglado a través del Señor Jesucristo!

Para mayor estudio de esta verdad, te recomiendo mis estudios titulados "Quién eres en el Espíritu," "La actitud de Dios hacia el pecado," "Identidad en Cristo" (que es el tercer mensaje de la serie *Controlando tus emociones*), y *La Guerra ha terminado*. Todas analizan el aspecto de que Jesús con Su expiación ya arregló el problema de nuestro pecado pasado, presente y hasta futuro.

Pablo citaba a David para mostrar una vez más que el Antiguo Testamento contenía la predicación del Evangelio. Cuando se estaba arrepintiendo de su pecado con Betsabé (2 Sal. 11), David dijo:

> *No quieres sacrificio* [Dios], *que yo lo daría; no quieres holocausto. Los sacrificios de Dios son el espíritu quebrantado; al corazón contrito y humillado no despreciarás Tú, oh Dios.*

> Salmo 51: 16-17

> Dios nos ama independientemente de nuestro comportamiento. Una relación correcta con Él se obtiene a través de la fe.

Que afirmación tan radical para el tiempo de David. La ley prescribía que ciertos sacrificios tenían que ofrecerse por el pecado que él había cometido. Sin embargo de acuerdo a lo registrado en la Escritura, él no ofreció esos sacrificios. David simplemente se arrepintió delante de Dios con el conocimiento de que esto era lo que el Señor verdaderamente quería. Él tuvo una revelación de que toda la ley del Antiguo Testamento era una sombra del Salvador que estaba por venir. David sabía que lo que Dios realmente quería era su corazón.

Escrito Para Nosotros

En los siguientes tres versos de Romanos 4, Pablo regreso a Abraham diciendo:

¿Es, pues, esta bienaventuranza solamente para los de la circuncisión, o también para los de la incircuncisión? Porque decimos que a Abraham le fue contada la fe por justicia. ¿Cómo, pues, le fue contada? ¿Estando en la circuncisión, o en la incircuncisión? No en la circuncisión, sino en la incircuncisión. Y recibió la circuncisión como señal, como sello de la justicia de la fe que tuvo estando aún incircunciso; para que fuese padre de todos los creyentes no circuncidados, a fin de que también a ellos la fe les sea contada por justicia.

Romanos 4:9-11

Abraham fue declarado justo, trece años antes de que recibiera la señal de su justicia–la circuncisión. Él ya era justo antes de ser circuncidado. Esto muestra que no son las cosas que hacemos–ni siquiera los sacramentos–las que nos hacen justos. No es el bautismo de agua, o la cena del Señor, o nuestra santidad personal. Esas cosas son productos derivados de nuestra relación con Dios. Son el fruto de una relación correcta con Él, no la raíz.

En la última parte de Romanos 4, Pablo se refirió a Abraham una vez más como un ejemplo del creer en Dios y de que su fe le fue contada por justicia. Él concluyó al decir que estas cosas no eran para Abraham solamente: "Sino también con respecto a nosotros a quienes ha de ser contada, esto es, a los que creemos en el que levantó de los muertos a Jesús, Señor nuestro, el cual fue entregado por nuestras transgresiones, y resucitado para nuestra justificación" (Ro. 4:24-25).

> La única forma de tener paz con Dios es siendo justificado— siendo hecho justo—por fe, no por nuestras obras o comportamiento.

En otras palabras, la historia de Abraham fue escrita para nuestro beneficio. Él hizo todas estas cosas que no estaban bien, pero Dios aun así lo consideró justo por su fe. Por este ejemplo podemos ver que Dios nos ama independientemente de nuestro comportamiento. La relación correcta con Él se obtiene a través de la fe.

Tipos y Sombras

Sin embargo, el pecado de Abraham (un comportamiento por debajo de la justicia) le pesó. Mentirle dos veces a reyes sobre su esposa le causó dificultades (Gn. 12:11-18; 20:1-2). El tener relaciones con Agar (la sierva de Sarai) y embarazarla le causó problemas. (Gn. 16:3-4). Aunque sus pecados le costaron caro, Dios no se relacionó con Abraham con base en su santidad (su comportamiento). Si Él lo hubiera hecho, ¡Abraham hubiera estado en un serio problema!

Abraham se había casado con su media hermana (Gn. 20:12). Según la ley, esto era una abominación a la vista de Dios, que se castigaba con muerte (Lv. 18:29). Si Dios hubiera estado tratando con Abraham en base a su comportamiento y le hubiera dado lo que merecía, Abraham hubiera muerto. Él no era perfecto. Pero Dios no estaba tratando con él de acuerdo a la ley. A través del ejemplo de Abraham, Pablo mostró cómo el Evangelio estaba siendo predicado en tipos y sombras aun en el Antiguo Testamento.

Paz con Dios

Justificados, pues, por la fe, tenemos paz para con Dios por medio de nuestro Señor Jesucristo.

Romanos 5:1

Pablo decía que la única forma de tener paz con Dios es el ser justificado–ser hecho justo–por fe, y no por obras o comportamiento.

He tratado literalmente con miles de gentes, que han discutido conmigo, y dicen: "Tú tienes que ser santo y hacer todas estas cosas para que Dios te acepte". Sin excepción, quienes creen y predican esto no tienen verdadera paz en sus vidas. La única forma como personalmente he encontrado verdadera paz en mi corazón es al entender estas cosas. Todas las gentes que he conocido que han experimentado la paz de Dios han sido las que tenían una revelación de la justificación por fe. Ésa es la única forma de tener paz con Dios alguna vez.

De otra manera, la carga de la salvación está en tu espalda. Constantemente tienes que hacer esto o hacer aquello, y tener la esperanza de que sea suficiente. Nunca hay un tiempo que sea de descanso porque siempre tienes que actuar. Esto es contrario a lo que Jesús mismo enseñó:

Venid a mí todos lo que estáis trabajados y cargados, y yo os haré descansar. Llevad mi yugo sobre vosotros, y aprended de mí, que soy manso y humilde de corazón, y hallaréis descanso para vuestras almas.

Mateo 11:28,29

Jesús decía: "Ven a Mí. No te puedes salvar a ti mismo. Estás tratando de hacer algo que está más allá de tu habilidad. Ven y permite que te perdone. Permite que te sane. Permite que te libere y prospere con base en la gracia y la misericordia–y no con base en tu comportamiento". Gloria a Dios– ¡Qué verdad tan fantástica!

> La gracia de Dios es consistente para todos, pero no todos cosechan sus beneficios.

La única manera como podemos tener paz con Dios es a través de nuestro Señor Jesucristo.

Confía en Dios —Suéltate

Tenemos paz para con Dios... Por quien también tenemos entrada por la fe a esta gracia en la cual estamos firmes, y nos gloriamos en la esperanza de la gloria de Dios.

Romanos 5:1-2

La gracia de Dios es consistente para todos, pero no todos cosechan sus beneficios. ¿Por qué? Porque es por fe como ganas acceso a la gracia de Dios.

Acceso significa "entrada".[1] Si vas al cine, pagas un precio por tu entrada. ¿Cuál es el precio de la entrada a la gracia de Dios? La religión te va a decir que son ciertas acciones como la santidad–el portarse bien, el asistir a la iglesia, el orar, el pagar tu diezmo. Si tú haces esto y aquello, entonces posiblemente Dios te dé acceso – entrada.

Este verso dice que la fe es lo que te otorga tu entrada, pero ¿fe en qué? No fe en ti mismo o en tu comportamiento, sino fe en un Salvador. Fe en la gracia de Dios–el Evangelio del Señor Jesucristo. Eso es lo único que tienes para pagar tu entrada. Es lo único que te puede otorgar acceso a la gracia de Dios. *Fe* es creer que el Evangelio es verdad.

Es como la persona que se balancea en el aire colgando de una saliente de una altura de cinco pisos. A esta altura, podría caer fácilmente y morir. Sin embargo, el departamento de bomberos ha venido ha rescatarlo. Aunque está a poca distancia, los bomberos están listos para agarrar a la persona que se está balanceando. Para que pueda ser salvado, el individuo en peligro necesita confiar y soltarse, y caer en los brazos de los que están esperando abajo para rescatarlo. Antes de que pueda ser rescatado, debe soltarse.

Antes de que podamos recibir la salvación, debemos dejar de confiar en nosotros mismos. Tenemos que soltar nuestra bondad propia, la que hemos estado manteniendo, y poner nuestra confianza en el Salvador. ¡Es un paso de fe!

Lo Que Merecemos

Esto puede asustarte porque el sistema del mundo entero refuerza nuestro comportamiento. De niño para llevarte bien con tus padres, te comportas bien. Recitas tu ABC, y ellos dicen: "Niño, eres maravilloso porque haces esto". Cuando actúas bien, te dan palmaditas en la espalda. Cuando haces una tarea mal, te dan una nalgada. Tu buen comportamiento es recompensado y tu mal comportamiento es castigado.

En las relaciones–aun en el matrimonio–la mayoría de la gente nos da lo que merecemos. Tu jefe no te contrata por gracia. Te da lo que mereces. Si no trabajas te corren. Se nos ha enseñado que recibimos lo que merecemos. Por lo tanto, soltarnos de nuestro comportamiento y venir a Dios por fe puede asustarnos mucho. Aceptar la salvación como un don gratis–ajeno a nuestra propia bondad–es contrario a todo lo que hemos conocido. No sabemos cómo relacionarnos con esto–no hay un modelo para tal gracia. Para entrar en esta gracia se requiere un gran paso de fe. Requiere una confianza genuina en el Evangelio para que verdaderamente soltemos nuestra bondad y comportamiento.

> Este conocimiento del amor de Dios en nuestros corazones nos da valor y confianza de que no seremos puestos en vergüenza.

Ésta es también la verdadera razón del por qué la gente religiosa se opone con fiereza al Evangelio. Después de trabajar tan arduamente para ser santos y buenos, escuchan a alguien como yo decir que Dios nos acepta con base en la fe, no con base en nuestro comportamiento. Esto en cierto sentido, significa que todas sus buenas obras y esfuerzos son desperdiciados. Eso no es completamente cierto. Aunque no nos gana nada con Dios, sí nos beneficia en nuestras relaciones personales con la gente y limita el acceso de Satanás a nosotros. Pero para ganarnos una relación correcta con Dios, no tiene valor. No nos provee con la suficiente bondad para que seamos capaces de relacionarnos con Él. La única forma como nos podemos relacionar con Dios es por la gracia y poniendo nuestra fe en esa gracia. Así es como obtenemos acceso.

¡Qué Amor!

Tenemos entrada por la fe a esta gracia en la cual estamos firmes, y nos gloriamos en la esperanza de la gloria de Dios. Y no sólo esto, sino que también nos gloriamos en las tribulaciones, sabiendo que la tribulación produce paciencia, y la paciencia, prueba, y la prueba, esperanza; y la esperanza no avergüenza, porque el amor de Dios ha sido derramado en nuestros corazones por el Espíritu Santo que nos fue dado.

Romanos 5:2-5

Algunas personas han utilizado esta cita bíblica para enseñar cosas que no son lo que este pasaje está diciendo: "Necesitas aceptar la tribulación porque tus problemas han sido enviados por Dios para ayudarte". No, eso no es lo que esto está diciendo.

Nos estamos regocijando en la esperanza de la gloria de Dios— no sólo en los buenos tiempos, pero también en los malos. ¿Cómo podemos tener tal confianza? ¿Cómo podemos regocijarnos cuando las cosas van mal? Si Dios nos amó tanto que cuando aún éramos pecadores Él depositó su amor en nosotros, entonces ¿cuánto más nos ama ahora que somos santos? Este conocimiento del amor de Dios en nuestros corazones nos da valor y confianza de que no seremos puestos en vergüenza.

Cristo, cuándo aún éramos débiles, a su tiempo murió por los impíos.

Romanos 5:6

Él murió por los impíos. Alguien que no está dispuesto a admitir que es impío no puede ser salvo. Si está tratando de agarrarse a su bondad y comportamiento, creyendo que Dios le debe–a lo mejor no el 100%, pero por lo menos el 90% de lo que ha "ganado"– no puede ser salvo.

Apenas morirá alguno por un justo; con todo, pudiera ser que alguno osara morir por el bueno. Mas Dios muestra su amor para con nosotros, en que siendo aún pecadores, Cristo murió por nosotros.

Romanos 5:7-8

¿Te puedes imaginar a alguien que muera por otro? Eso ni siquiera nos parece familiar. Muy rara vez escuchas que alguien muera por otro. Posiblemente alguien pueda morir por una persona muy buena, pero Cristo murió por el impío. Él nos valoró y murió por nosotros cuando aún éramos pecadores. ¡Qué amor!

CAPÍTULO 5

El Don Gratuito de Dios

Dios muestra su amor para con nosotros, en que siendo aún pecadores, Cristo murió por nosotros.

Romanos 5:8

Romanos 5:8 a menudo se toma fuera de contexto para señalar que Dios ama al pecador. Ésta es una afirmación correcta. Pero considerando el contexto, Pablo estaba provocando una comparación. Si aceptas el hecho de que Dios ama al pecador: "Pues mucho más, estando ya justificados en su sangre, por Él seremos salvos de la ira" (Ro. 5:9).

> No eres sólo salvo por gracia, sino que también mantienes tu relación con Dios por gracia.

Esto muestra que cuando Pablo estaba hablando de que el Evangelio es el poder de Dios para la salvación, él estaba hablando de algo más que sólo la experiencia inicial del nuevo nacimiento. En los versos 8 y 9, él dijo que si Dios te amó y murió por ti cuando eras impío, cuánto más te ama ahora que has vuelto a nacer.

El Borracho

No sólo eres salvo por gracia, sino que también mantienes tu relación con Dios por gracia. Esto significa que eres sano por gracia, liberado por gracia, y prosperado por gracia. Ninguno de los beneficios de la salvación viene a ti con base en tu comportamiento. Si pudieras entender eso entonces, ¿cuánto más abundarían el amor y la fe de Dios en tu vida? La fe obra por el amor (Gá. 5:6). Si tú entendieras cuánto te ama Dios, tu fe abundaría y empezarías a ver mayor manifestación de los beneficios de tu salvación.

Si siendo enemigos, fuimos reconciliados con Dios por la muerte de su Hijo, mucho más, estando reconciliados, seremos salvos para su vida.

Romanos 5:10

Puesto que la religión ha estado predicando una relación con Dios basada en el comportamiento en vez de predicar el Evangelio, la mayor parte de las personas creen que Dios los amó cuando eran pecadores, pero que Él es más duro con ellos una vez que son salvos. A lo mejor no utilizan exactamente estas palabras para expresarlo, pero déjame darte un ejemplo para considerarlo.

> Cuando se trata de nuestra relación diaria con Dios, la mayoría de las personas intenta mantenerla de acuerdo a su comportamiento.

¿Qué pasaría si alguien entrara al servicio de tu iglesia borracho? La mayoría de los Cristianos se acercarían a esa persona y empezarían a ministrarle el amor de Dios, la misericordia, y la gracia, diciendo: "Jesús te ama y murió por tus pecados. Él quiere perdonarte y cambiar tu vida". Le ministrarían el Evangelio a un pecador perdido–la relación con Dios basada en Su gracia y no en su comportamiento.

¿Qué pasaría si esa persona fuera vuelta a nacer y regresara la siguiente semana de nuevo borracha? La misma gente que le ministro la gracia, el perdón y la misericordia, se voltearía y diría: "Si no te corriges ahora que eres un santo, Dios te va a agarrar. Cambia tu conducta o ¡la ira de Dios vendrá sobre ti!"

¿Puedes ver qué inconsistente es esto? Cuando eran pecadores, Dios les extendió la gracia. Pero, después de que son salvos tienen que corregirse o enfrentar la ira de Dios. "Bueno, hermano, tú corriges a tus propios hijos más duramente que a los hijos de otro. Antes de que tú fueras Su hijo, a lo mejor Dios le guiñaba el ojo a ciertas cosas. Pero ahora que has nacido de nuevo, se va a venir en tu contra". Esto no es lo que la Palabra de Dios enseña.

Mantenido por la Gracia

Por tanto, de la manera que habéis recibido al Señor Jesucristo, andad en Él.

Colosenses 2:6

De la misma forma como volviste a nacer, es como debes seguir caminando con Él. Es triste decirlo pero la mayoría de la gente no hace esto. En su salvación, cantan: "Justo como soy sin una defensa," y vienen al Señor en medio del pecado–adulterio, mentira, robo, y toda clase de impiedades. Reciben el mayor regalo que alguna vez pudieran recibir–la experiencia inicial de salvación por el nuevo nacimiento. Pero entonces después de que son vueltos a nacer, están en un grave problema si tienen el más mínimo pecado en su vida. Piensan que Dios es propenso a dejarlos morir de alguna enfermedad sólo porque no hicieron esto o aquello. Déjame preguntarte: ¿Cuánto leíste la Biblia antes de que fueras vuelto a nacer? ¿Cuánto habías ayunado y orado antes de que fueras salvo? ¿Qué tan fiel eras en el pago de tus diezmos? La respuesta para casi todos es que tú no eras fiel en ninguna de estas áreas. Eras simplemente un pecador detestable – "Tal como soy". Pero date cuenta, ¡tú creías en el Evangelio!

"La salvación"– la experiencia inicial del nuevo nacimiento–en la mayor parte del Cristianismo Evangélico, ha sido predicada por la gracia. Pero en referencia a nuestra relación diaria con Dios la mayoría de las personas trata de mantenerla de acuerdo a su comportamiento. Eso no es el verdadero Evangelio. Recuerda, eso es lo que Pablo llamó una perversión del Evangelio (Gá. 1: 3-9). No es lo que Pablo predicaba, ni la comparación que estaba haciendo. De acuerdo con Colosenses 2:6, nosotros deberíamos estar manteniendo nuestra relación diaria con Dios de la misma forma como fuimos vueltos a nacer.

> Si puedes aceptar que eras un pecador por naturaleza, entonces también debes aceptar que ahora que has vuelto a nacer, eres justo por naturaleza.

Esta inconsistencia–la gracia para nacer de nuevo y la obras para el mantenimiento diario–es la mismísima razón por la que es más difícil para muchos Cristianos el recibir la sanidad que la salvación. Estrictamente hablando, debería ser más fácil recibir la sanidad después de que has vuelto a nacer que recibir salvación cuando estabas perdido. Si el diablo tuviera algún derecho para impedir que recibas cualquier cosa de Dios, debería haberte impedido que volvieras a nacer. Tú no eras justo ni santo en absoluto. Pero ahora que eres salvo, tu espíritu renacido siempre es justo y santo ante los ojos de Dios. Hasta en tu peor estado, eres mejor ahora de lo que fuiste antes de ser vuelto a nacer. Sin embargo, si tú no haces todo perfectamente, estás totalmente convencido de que Dios no va a contestar tu oración porque no lo mereces.

Recibir sanidad no es más difícil que recibir perdón. Simplemente la mayoría de los Cristianos no está confiando 100% en la gracia de Dios para su sanidad de la forma como lo hicieron para el perdón de los pecados. Ni tampoco están confiando 100% en la gracia de Dios para Sus beneficios como la liberación y la prosperidad. En cambio, están confiando en su propio esfuerzo y esperando que Jesús compense la diferencia. ¡Está mal! Esto es caer en el engaño del diablo y poner nuestra fe en nuestro comportamiento. ¡Debemos poner toda nuestra fe en el Evangelio!

Un Pecador por Naturaleza

Por tanto, como el pecado entró en el mundo por un hombre, y por el pecado la muerte, así la muerte pasó a todos los hombres, por cuanto todos pecaron.

Romanos 5:12

A través de Adán, todos nos convertimos en pecadores. No fueron nuestros actos individuales de pecado los que nos hicieron pecadores, sino esta tendencia al pecado–la naturaleza de pecado–que heredamos. Nacimos en pecado. Eso es lo que nos hace cometer acciones individuales de pecado.

La mayoría de la gente reconoce y puede estar de acuerdo con la afirmación de que nacemos con una naturaleza de pecado–pecadores. Mi educación religiosa ciertamente me remacho esto. Sin embargo en la última parte de Romanos 5, Pablo estableció otro tema muy importante. Cuando fuiste salvo, fuiste vuelto a nacer con una nueva naturaleza justa. Al poner tu fe en el último Adán–el Señor Jesucristo– inmediatamente recibiste Su naturaleza santa. (1 Co. 15:45). Si puedes aceptar que eras por naturaleza un pecador, entonces también debes aceptar que ahora que has vuelto a nacer, eres por naturaleza justo. Ya no eres–por naturaleza–un pecador. Te has convertido en justo a través de lo que Jesús hizo por ti.

La salvación no es sólo el hecho de que Jesús te perdone y te encamine en la dirección correcta, diciendo: "Ahora te estoy dando otra oportunidad. ¡Haz lo correcto de ahora en adelante!" Eso no es la salvación.

La salvación es venir a Dios, admitir que todo lo has hecho mal y que no te puedes salvar a ti mismo, pedir por Su don de salvación, y recibirlo. Y en el preciso momento en que lo haces, te conviertes en una nueva persona que es justa en su espíritu renacido (su nueva naturaleza).

De nuevo, me gustaría invitarte para que consigas mi estudio titulado *Espíritu, Alma y Cuerpo*. [1] Es un estudio con más detalle de lo que puedo dar aquí.

Vuelto a Nacer Justo

Necesitas entender que cuándo fuiste vuelto a nacer, tu espíritu instantáneamente se hizo justo. No es algo en lo que trabajas. No te es dado con base en tu comportamiento, sino que "Es don de Dios; no de obras, para que nadie se gloríe". (Ef. 2:8-9)

Date cuanta de que es un regalo, algo que tú no ganas, algo por lo que tú no pagas.

> *El don no fue como la transgresión* [la caída de Adán]*; porque si por la transgresión de aquel uno murieron los muchos, abundaron mucho más para los muchos la gracia y el don de Dios por la gracia de un hombre, Jesucristo.*
>
> Romanos 5:15

A través de la caída de Adán, el pecado se transmitió a todos. Yo no hice nada para convertirme en un pecador. Nací en pecado (Sal. 51:5). Pero cuando fui vuelto a nacer, fui vuelto a nacer en justicia. No hice nada para ganarlo. Lo recibí como un don gratis.

Y con el don no sucede como en el caso de aquel uno que pecó; porque ciertamente el juicio vino a causa de un solo pecado para condenación, pero el don vino a causa de muchas transgresiones para justificación.

Romanos 5:16

El pecado de Adán (un pecado) produjo muchas transgresiones en toda la raza humana. Todas nuestras acciones de pecado provienen del hecho de que éramos pecadores por naturaleza. Pero habiendo recibido el don gratis de la salvación–relación correcta con Dios–todas estas transgresiones han sido vencidas conforme hemos sido traídos al estado de ser justificados ante los ojos de Dios.

Acepta la Verdad

Si por la transgresión de uno solo reinó la muerte, mucho más reinarán en vida por uno solo, Jesucristo, los que reciben la abundancia de la gracia y del don de la justicia.

Romanos 5:17

Es un don de justicia que vino a través de Uno–el Señor Jesucristo. No viene a través de lo que tú haces. La justicia–relación correcta con Dios, ser declarados justos ante Sus ojos–viene a través de la fe. Es un don de Dios. Lo único que debes hacer para obtener esta gracia es tener fe en lo que Jesús hizo por ti.

> *Así que, como por la transgresión de uno vino la condenación a todos los hombres, de la misma manera por la justicia de uno vino a todos los hombres la justificación de vida.*
>
> Romanos 5:18

Es el mismo tema. En realidad, en estos versos Pablo se refirió al mismo tema en cinco veces diferentes. Lo repitió vez tras vez.

> *Así como por la desobediencia de un hombre los muchos fueron constituidos pecadores, así también por la obediencia de uno, los muchos serán constituidos justos.*
>
> Romanos 5:19

¿Cómo puede alguien evadir esto? Si aceptas el hecho de que naciste pecador, entonces debes aceptar la verdad de que eres vuelto a nacer justo. La justicia no es algo que obtienes por tu esfuerzo. Es algo que recibes como un regalo.

¿Hippies Santos?

¡Estas citas bíblicas cambiaron mi vida! En los años de 1960 un amigo mío empezó a decirme que era justo y luego me jaló a un estudio Bíblico al que él asistía. Esto fue cuando yo todavía estaba en una iglesia tradicional. Crucé la puerta de ese estudio Bíblico e inmediatamente me ofendí porque una mujer lo estaba dirigiendo. Los líderes femeninos no encajaban con mi teología. También había *"hippies"* de cabello largo que estaban entre los asistentes. La iglesia tradicional a la que yo asistía predicaba que los *"hippies"* de cabello largo no podían ser salvos. Enseñaba que si el cabello de un hombre tocaba el cuello de su camisa, se iría directo al infierno. Así que ahí estaba yo en este estudio Bíblico con *hippies* de cabello largo y una mujer como líder. Estaba muy ofendido aun antes de que se dijera una palabra.

Entonces el estudio empezó y comenzaron a decir que eran justos. A lo mejor hubiera podido tolerarlos y no decir nada mientras admitieran que eran pecadores. Pero cuando estas personas empezaron a proclamar que eran justos, no me pude aguantar más. Desenvainé mis tres citas bíblicas–"Todos han pecado, y están destituidos de la gloria de Dios"

> Mi cabeza lo entendía, pero mi corazón continuaba diciendo: "¿Cómo puede ser esto?"

(Ro. 3:23.), "No hay justo, ni aun uno" (Ro. 3:10), "Todas nuestras justicias son como trapo de inmundicia" (Is. 64:6) – y los acribillé.

Para mi sorpresa, en vez de enojarse, continuaron actuando con amor. Para cada cita bíblica que yo mencionaba diciéndoles que eran la escoria de la tierra, ellos citaban tres o cuatro para decirme que ellos eran justos. No sabía que había citas bíblicas como esas. ¡Me abrumaron! Aunque no me convencieron, cuando salí de ahí decidí que lo iba a estudiar por mí mismo.

Entonces compré la *Analytical Concordance de Young* y empecé a estudiar cada vez que las palabras *justo* y *justicia* se usaban en la Biblia. Después de una semana de analizar la Palabra diez y seis horas al día, estaba convencido intelectualmente de que yo era justo por un don y no a través de lo que hice. Me di cuenta de que estas personas tenían la razón en lo que estaban diciendo.

> Justicia es el saber que eres aceptado por tu Padre celestial como un niño cuenta con la aceptación de su padre terrenal.

Pero aunque lo podía ver con mi entendimiento, todavía faltaba que mi corazón lo aceptara. Por tanto tiempo me había asociado con el hecho de que era un pecador por naturaleza. Así que batallé con esto. Mi cabeza lo entendía, pero mi corazón continuaba diciendo: "¿Cómo puede ser esto?" Estos versos de Romanos 5 fue lo que me hizo cambiar. Básicamente decían que si aceptaba el hecho de que había nacido pecador, entonces también tenía que aceptar la verdad de que había vuelto a nacer justo. No es algo que gano. No está basado en mi comportamiento. Es un regalo–y sólo tenía que aceptarlo. Si creía que un lado de la moneda era verdad, entonces el otro lado tenía que ser genuino también. Finalmente, me llené de humildad y lo acepté.

¡Estos son capítulos de las Escrituras muy poderosos! Si verdaderamente entendemos lo que Pablo decía, no hay forma por la cual podamos sostener que debemos ganar las cosas de Dios con base en nuestra propia santidad, justicia, y obras. La semana que estudié estas citas bíblicas sobre la justicia, culminó en una experiencia que el Señor utilizó para hacerme entender este concepto. Salí a mi patio trasero y me senté en los escalones para meditar en lo que había visto en la Palabra. Mi perra, Honey, vino corriendo hacia mí como siempre lo hacía. Como a una distancia de metro y medio se detuvo, se echó de costado y luego corrió con titubeos el resto del camino hasta llegar a mí. Aunque yo nunca la había maltratado, los dueños anteriores de Honey la habían golpeado con una cadena cuando era una cachorra. Ahora era una Pastor Alemán muy grande, pero siempre se acercaba así a mí. En mi frustración grité: "Honey, por única vez me gustaría que vinieras a mí como una perra normal. Salta sobre mí, huéleme, o haz lo que quieras –pero ¡deja de actuar como si te golpeara!".

Tan pronto como eso salió de mis labios, el Señor le habló a mi corazón y dijo: "Andrew, así es como me siento con respecto a ti. Siempre vienes delante de Mí nombrando todos tus pecados, temeroso de que si no los mencionas, Yo lo voy a hacer. Sólo por una vez me gustaría que vinieras a Mí, como un niño se acerca a su padre–confiando en su aceptación en vez de temeroso de su rechazo. Simplemente salta a mi regazo y di '¡Abba, Padre!'" (Ro. 8:15).

Eso es la justicia. Es el saber que eres aceptado por tu Padre celestial, como un niño cuenta con la aceptación de su padre terrenal.

Ahora Reina la Gracia

Pero la ley se introdujo para que el pecado abundase.

Romanos 5:20

La ley fue dada para mostrarnos que somos incapaces de alguna vez poder observarla. Fue dada para hacer que el pecado reviviera en nosotros y que ejercitara un dominio tal sobre nosotros que nos llevara a perder toda esperanza de que alguna vez logremos vencer al pecado por nosotros mismos. Fue dada para llevarnos al extremo de pedir justicia como un regalo. Ése es el propósito de la ley.

Cuando el pecado abundó, sobreabundó la gracia.

Romanos 5:20

En otras palabras, la ley en realidad nos hizo codiciar más las cosas, pero ahora la gracia de Dios se revelaba a través del entendimiento correcto de la ley. Nos trajo a una posición donde podemos entender que es sólo por la gracia de Dios que alguna vez podremos vencer. Aunque la ley nos hizo codiciar, también nos mostró la gracia de Dios–que era mucho más grande que nuestro pecado.

> *Para que así como el pecado reinó para muerte, así también la gracia reine por la justicia para vida eterna mediante Jesucristo, Señor nuestro.*
>
> Romanos 5:21

Millones de personas aquí en los Estados Unidos, nunca han escuchado el Evangelio.

La ley fue lo que hizo al pecado reinar para la muerte. Lleno de poder por la ley, el pecado produjo muerte. (Ro. 6:23).

Así, el pecado nos dominó, gobernó y controló por la consciencia de culpabilidad y condenación que vino a través de la ley. Pero ahora que estamos en Cristo y bajo el Nuevo Pacto, "la gracia [reina] por la justicia para vida eterna mediante Jesucristo, Señor nuestro" (Ro. 5:21).

En lugar de la ley, la gracia es ahora el factor dominante. Se supone que la gracia debe estar dominando y controlando nuestras vidas. Es triste decirlo, pero mucha gente no ha escuchado ese Evangelio.

Empapada de Religión

He escuchado a algunas personas decir: "¡Nadie en América debería escuchar el Evangelio dos veces hasta que el resto del mundo haya tenido la oportunidad de escucharlo una vez!" Entiendo que el punto de vista que están tratando de establecer es que no es justo que América esté empapada con el mensaje del Cristianismo mientras que millones de gentes alrededor del mundo ni siquiera han escuchado una vez el nombre de Jesús. Estoy de acuerdo en que el trabajo misionero internacional tiene la máxima prioridad. Sin embargo, no estoy de acuerdo con la afirmación de que América está empapada del Evangelio.

América ha sido empapada con religión. Ellos han sido cargados con condenación y se les ha dicho: "¡Te vas a ir al infierno si no te arrepientes!" Una vez más, eso es cierto, pero no es el Evangelio. El Evangelio–el mensaje de la gracia de Dios, que Él nos ama independientemente de nuestro comportamiento y que Su bondad nos guía al arrepentimiento–no ha sido proclamado correctamente en América.

> Todo se resume en poner nuestra fe en lo que hizo Tu Hijo, y no en lo que nosotros hacemos.

Constantemente les estoy ministrando a personas que no entienden la gracia de Dios. Aunque han ido a la iglesia toda su vida, ¡nunca se han enterado de esto! Han escuchado a ministros predicar: "Dios es santo y justo. Tú eres impío. Si no te arrepientes, Dios te va a juzgar. Si no mejoras tu comportamiento, te vas a ir al infierno". Millones de personas aquí en los Estados Unidos nunca han escuchado el Evangelio: "Dios te ama y está extendiendo su perdón por tus pecados. Todo lo que viene como resultado de la salvación–como el perdón, la justicia, la sanidad, la liberación, y la prosperidad–viene a ti por gracia a través de la fe. No está basado en tu comportamiento, sino en la gracia de Dios. Lo único que debes hacer para tener acceso a esta gracia es poner tu fe en lo que Dios ha hecho a través de Jesucristo". El Evangelio es verdaderamente el poder de Dios para la salvación (Ro. 1:16). Es triste decirlo, la mayoría de la gente en realidad nunca ha entendido verdaderamente el Evangelio.

Si tienes un problema en cualquier área de tu vida hoy–perdón, sanidad, liberación, prosperidad– tienes un problema para comprender el Evangelio. A medida que entiendas la gracia de Dios, Su amor va a abundar en tu vida. La fe va a obrar por el amor y todo lo que necesitas vendrá a través del poder del Evangelio. ¡El Evangelio es el poder de Dios!

¿Qué significa esto?

Por lo tanto, ¿Qué significa esto? ¿Deberíamos ir a vivir en pecado? Pablo empezó a tratar esto en Romanos 6, que es lo que vamos a ver a continuación.

Pero primero me gustaría orar por ti:

Padre, por favor dale a mi amigo(a) una revelación del poder del Evangelio hoy. Ayúdale a entender lo que verdaderamente es la salvación y cómo Tú le has proveído con todo lo que necesita como un don gratuito a través de la muerte, entierro y resurrección de Jesucristo. Por favor ilumínalo(a) en estas verdades de Tu Palabra. Conforme empiece a entender Tu gracia, gracias por liberarlo de la culpa, la condenación y de la mentalidad de obras. Todo se resume en poner nuestra fe en lo que Tu Hijo hizo, y no en lo que nosotros hacemos. Desde este día en adelante, que Tu gracia sea la base de la relación diaria de mi amigo(a) contigo. Amén.

CAPÍTULO 6

¿Por qué Vivir en Santidad?

El Evangelio es el poder de Dios. Son buenas nuevas–específicamente, que nuestra relación correcta con Dios está basada en Su gracia, y no en nuestro comportamiento. La ley fue dada para mostrarnos nuestra necesidad de un Salvador. La salvación es más que el perdón de nuestros pecados y la experiencia inicial del nuevo nacimiento. Incluye todo lo que fue obtenido para nosotros a través de la expiación de Jesús–como la sanidad, la liberación, y la prosperidad.

La pregunta

En los primeros cinco capítulos de Romanos, Pablo presentó la gracia en una forma tan fuerte y poderosa que fue inevitable que surgiera esta pregunta:

> *¿Qué, pues, diremos? ¿Perseveraremos en el pecado para que la gracia abunde?*
>
> Romanos 6:1

Bajo la inspiración del Espíritu Santo, Pablo había expuesto este tema de la gracia en una forma magistral. Como dije anteriormente, Romanos es la obra definitiva sobre lo que la gracia verdaderamente es. Por lo tanto, podríamos decir que

Pablo presentó esta verdad con un balance excelente. No obstante, tres veces diferentes en Romanos (3:8; 6:1; 6:15), Pablo tuvo que tratar con esta pregunta: "¿Qué es lo que estoy diciendo entonces? ¿Estoy diciendo que simplemente puedes ir y vivir en pecado ya que Dios trata contigo con base en la gracia y no en el comportamiento?"

> El libro de Romanos es la obra definitiva sobre lo que la gracia verdaderamente es.

Tres veces el hombre que presentó esta verdad en perfecto balance tuvo que rebatir lo que él sabía que la gente se estaba preguntando en sus corazones: "Déjame ver si entiendo esto Pablo. Mi pecado no es el problema. No me está separando de Dios. Mi comportamiento no tiene nada qué ver en mi relación correcta con Él. Todo lo que tengo que hacer para tener acceso a la gracia de Dios es poner mi fe en lo que Jesucristo hizo. ¿Estás diciendo que simplemente puedo irme y vivir en pecado?" Si Pablo, que presentó esto excelentemente, tuvo que lidiar repetidamente con esta pregunta, ¿cómo entonces podemos creer que podríamos presentar el Evangelio de una mejor forma para que nadie lo malinterpretara?

Si estamos verdaderamente predicando la gracia de la forma como lo hizo Pablo, es inevitable que alguien salte a esta conclusión y pregunte: "¿Estás diciendo que simplemente puedo ir y vivir en pecado?" Por supuesto que la respuesta de Pablo a esto en cada caso era un rotundo *¡no!* Eso no es lo que él decía. Eso no es lo que yo estoy diciendo. Eso no es lo que un verdadero maestro de la Palabra está diciendo cuando predica la gracia. Pero si la pregunta no surge, entonces no hemos comunicado la gracia con la misma dimensión con que Pablo lo hizo.

De hecho, si la pregunta no surge, entonces no has presentado el Evangelio correctamente. Si has resaltado la gracia de Dios suficientemente, entonces ésta debería ser una pregunta lógica que debe ser enfrentada.

¡Ni Dios lo Quiera!

Entiendo que–por consecuencia–esto crea mucha polémica sobre lo que la mayoría de la gente llama "Evangelio" hoy en día.

La iglesia en la que crecí predicaba el fuego del infierno y la condenación, haciendo énfasis vez tras vez en el hecho de que nacimos pecadores. Se concentraban en el aspecto del juicio pero no presentaban las buenas nuevas. La gracia de Dios y nuestra naturaleza nueva nunca se resaltaban. Cuando escuchaba esta clase de "Evangelio", ni siquiera una vez me pregunté: "*¿Puedo vivir en pecado?*" La forma como se presentaba la Biblia, continuamente me hacía consciente del pecado. Me dijeron que pecaba todos los días –constantemente– y que tenía que confesarlo, aunque no estuviera consciente de una acción específica. Estaba bajo tanta condenación y consciencia de pecado que nunca malinterpreté lo que me estaban predicando como si significara que podía vivir en pecado si quería. Aunque la gente que predicaba en la denominación en la que crecí probablemente tomaría esto como un gran halago, ciertamente ése no es el Evangelio que Pablo predicaba.

> Si nuestra santidad no es lo que nos otorga favor con Dios, entonces ¿para qué molestarnos?.

Pablo presentó el Evangelio–la gracia de Dios–en tal forma que fue malinterpretado. Si estamos presentando el Evangelio correctamente hoy, entonces vamos a tener que replicar y contestar esta pregunta: "¿Entonces estás diciendo que puedo simplemente ir y vivir en pecado?" Si no tienes que enfrentarte con este pensamiento en las mentes de tus oyentes, entonces todavía no has presentado el Evangelio en la misma forma que Pablo.

Habiendo dicho esto, déjame añadir que Pablo no estaba fomentando el pecado. En Romanos 6:2, él empezó a contestar esta pregunta diciendo: "Ni Dios lo quiera". Este fue el rechazo más fuerte que Pablo pudo haber hecho en la lengua Griega sin usar malas palabras. Éste era un desmentido absoluto y enfático. Él dijo: "¡No! ¡Absolutamente no! ¡Que nunca suceda!"

> Cualquiera que predique la gracia de Dios correctamente no está abogando por vivir en pecado.

¿Por qué entonces la actitud de Pablo no fue: "Mira, puesto que es por la gracia de Dios, simplemente sigue viviendo en pecado"? Si nuestro pecado no es lo que está impidiendo que Dios actúe en nuestras vidas; y nuestra santidad no es la que nos gana Su bendición, sino sólo Su gracia; entonces ¿cuál es el propósito de la santidad? ¿por qué vivir en santidad? Si nuestra santidad no es lo que nos gana el favor de Dios, entonces ¿por qué molestarnos?

El Propósito de la Santidad

Por supuesto, la mayoría de la gente hoy en día está familiarizada con el hecho de que la Biblia nos enseña a vivir en santidad. No voy a tomar tiempo para ver todo esto. Pero sí quiero ver lo que Pablo dijo en Romanos 6 sobre por qué debemos vivir en santidad. ¿Cuál es el propósito de la santidad?

Pablo dio dos razones para contestar la pregunta: "¿Por qué vivir en santidad?" La primera empieza aquí en el verso 2.

Porque los que hemos muerto al pecado, ¿cómo viviremos aún en él?

Romanos 6:2

La razón número uno por la que un Cristiano no vive en pecado es porque ya no somos por naturaleza hijos del diablo. Después de volver a nacer, ya no es nuestra naturaleza el pecar nunca más. Reconozco que esto origina varias preguntas, que replicaremos y consideraremos. Pero antes de que lo hagamos, veamos la parte donde él formuló la pregunta de nuevo y nos dio la razón número dos.

> El congregarse con otros creyentes es importante porque cambia tu corazón hacia Dios—no Su corazón hacia ti.

¿Qué, pues? ¿Pecaremos, porque no estamos bajo la ley, sino bajo la gracia? En ninguna manera. ¿No sabéis que si os sometéis a alguien como esclavos para obedecerle, sois esclavos de aquel a quien obedecéis, sea del pecado para muerte, o sea de la obediencia para justicia?

Romanos 6:15-16

La segunda razón para vivir en santidad es: el vivir en santidad detendrá las incursiones de Satanás a tu vida. Si estás viviendo en pecado, te estás sometiendo al autor del pecado. Esto le permite al diablo traer muerte y destrucción a tu vida. Si te rindes a la santidad, entonces te estás rindiendo a Dios que es el autor de esa santidad. Esto produce resultados grandiosos.

En resumen, las dos razones por las que un Cristiano debe vivir en santidad son:

Es nuestra naturaleza el vivir en santidad, y

El vivir en santidad detiene las incursiones de Satanás en nuestras vidas.

Pablo ciertamente no estaba abogando por el pecado. Yo no estoy abogando por el pecado. Cualquiera que predique la gracia de Dios correctamente no está abogando por vivir en pecado. Solamente estamos diciendo que nuestro motivo para vivir en santidad no es hacer que Dios nos acepte. Vivimos en santidad porque es nuestra naturaleza vivir de esa manera, y no le queremos dar al diablo ningún acceso a nuestras vidas.

La Santidad Te Ayuda a Ti

Para un creyente que ha vuelto a nacer, el vivir en santidad es un fruto–no la raíz– de la salvación. Es un producto derivado de vivir en una relación correcta con Dios, pero no un medio para obtenerla. Ahora bien, ésta es una revelación poderosa que tienes que entender completamente.

Por supuesto que un Cristiano debe vivir en santidad. La santidad es importante, probablemente más importante de lo que alguna vez has escuchado que se predique. ¿Pero, por qué? ¿Por qué es tan importante?

La mayoría de las gentes que no entienden la gracia operan bajo una mentalidad legalista y se relacionan con Dios con base en su comportamiento. Esta clase de personas dice que la razón por la que la santidad es importante es porque así es como Dios actúa en tu vida: "Actúa en proporción directa a tu santidad". Eso no es verdad. No es lo que este pasaje de la escritura enseña.

Muchas gentes creen que la razón por la que deben ir a la iglesia es que Dios de alguna forma está registrando su asistencia. Si tienes buena asistencia entonces, a lo mejor tus oraciones serán contestadas. Si no asistes, entonces Dios se molestará contigo y probablemente no contestará tus oraciones ni actuará en tu favor. Eso no es verdad.

Dios no actúa en tu vida con base en tu asistencia a la iglesia. Si nunca fueras a la iglesia otra vez, Dios te amaría exactamente igual. Pero tú no amarías a Dios exactamente igual. Te perderías de la convivencia con otros creyentes y la motivación y la actividad estimulante que esto trae. No escucharías ni aplicarías la Palabra de Dios en la misma forma que sentado en tu casa solo. Reunirse con otros creyentes es importante porque cambia tu corazón hacia Dios–no Su corazón hacia ti.

Si tú nunca volvieras a ir a la iglesia, Dios te amaría exactamente igual. Pero sería imprudente de tu parte no asistir a la iglesia, porque tú no Lo amarías igual. ¿Puedes ver cómo la santidad (asistir a la iglesia) te ayuda?

Es tu naturaleza el vivir de esa manera (adorar, convivir, y estudiar la Palabra de Dios con otros creyentes), y te ayuda a resistir al diablo (al estar cerca de otros Cristianos y en la Palabra juntos).

Corre para Ganar

Si nunca volvieras a estudiar la palabra de Dios, Dios te amaría exactamente igual. Pero tú no amarías a Dios igual porque no tendrías la revelación de Su verdad. Estarías pensando de acuerdo a la opinión de alguien. En realidad no eres libre para sencillamente formarte tus propias opiniones sobre Dios. Alguien te va a influenciar, de una forma o de otra. O serás influenciado por la muerte, el negativismo, y los conceptos erróneos del mundo y la religión, o te adentrarás en la Palabra de Dios y aprenderás "la verdad, y la verdad te hará libre" (Juan 8:32).

Santifícalos [o hazlos santos] *en tu verdad; tu palabra es verdad.*

Juan 17:17

Recuerda estar en la Palabra de Dios cambia tu corazón hacia Él. Eso ablanda tu corazón, pero Dios te ama igual aunque nunca estudies Su Palabra.

> **Despójate de todo lastre y sé más eficaz. ¡Corre para ganar!**

Puesto que el amor de Dios hacia nosotros no cambia en relación a nuestro comportamiento, ¿significa esto que no deberíamos adentrarnos en la palabra? ¡No! Si verdaderamente hemos vuelto a nacer, nuestra naturaleza es el tener hambre por la palabra–y como acabamos de ver, la Palabra es la fuente de la verdad. Si estamos conscientes de la realidad de que estamos en una batalla y de que Satanás está en contra nuestra, entonces nos daremos cuenta de que adentrarnos en la Palabra es en provecho propio, porque cambia nuestro corazón y corrige nuestras actitudes. Pasar tiempo en la Palabra de Dios nos da revelación y nos ayuda a evitar que el Diablo tenga acceso a nuestras vidas.

Estoy a favor de los mismos estándares de los que exigen santidad, pero con un motivo totalmente diferente. Ve a la iglesia, paga tu diezmo, estudia la Palabra, ama a la gente, deshazte de la amargura y la ira –mantén todos los estándares. Estoy a favor de la santidad, pero por razones totalmente diferentes. Éste es el tema que Pablo estaba estableciendo. ¡El motivo para la santidad cambió!

Tú no debes vivir en santidad y pensar: *"Si soy lo suficientemente santo, Dios me amará... aceptará...contestará mis oraciones... me sanará... me prosperará...* Todas estas cosas–tu relación entera con Dios–deben estar basadas en la gracia. Si verdaderamente has vuelto a nacer, tú deseas vivir en santidad y minimizar el darle oportunidades a Satanás en tu contra.

Despojémonos de todo peso y del pecado que nos asedia, y corramos con paciencia la carrera que tenemos por delante.

Hebreos 12:1

Eres un corredor que está corriendo la carrera de la vida. Quizá la persona que organizó la carrera y que la puso en marcha no se enoje contigo si no llegas en el primer lugar, pero si tienes lastres–pecados–que te están atrasando,

> Una motivación equivocada trae malos resultados.

definitivamente te van a estorbar al correr por el Señor. No serás tan eficaz como otros que no tengan esos pesos. Dios no te amará menos, pero tú podrías amarlo menos. Despójate de todo lastre y se más eficaz. ¡Corre para ganar!

El Motivo lo es Todo

Algunos podrían decir: "Bueno, aun así el vivir en santidad es lo más importante. ¿Por qué tanto alboroto?"

¡El motivo lo es todo! De acuerdo a la Palabra de Dios, tu motivo es en realidad más importante que tu acción.

Si repartiese todos mis bienes para dar de comer a los pobres, y si entregase mi cuerpo para ser quemado, y no tengo amor [la clase de amor de Dios]*, de nada me sirve.*

I Corintios 13:3

Las obras de santidad–en este caso, como el dar a los pobres o hasta dar nuestra vida por la de otro–no te aprovechan en nada a menos que sean motivados por el amor de Dios. Si tu motivación para vivir en santidad–dar dinero, o sacrificar tu vida por otro, por ejemplo–es una deuda o una obligación, o el tratar de ganar algo, entonces tu motivo está equivocado. No lo estás haciendo como una respuesta de amor por lo que el Señor ha hecho, sino que lo estás haciendo para tratar de obtener una respuesta positiva de parte de Dios. Tú crees que Dios te está respondiendo a ti, en vez de que tú le estés respondiendo a Él. Si ése es tu motivo ¡no te sirve de nada!

Exactamente por esto es que muchas personas no son sanadas, liberadas, ni prosperadas. Están haciendo las cosas correctas–estudiando la Palabra, pagando su diezmo, entre otras cosas–pero están poniendo su fe en lo que están haciendo. Están pensando: "*¿Dios, es suficiente? ¿Actuarás en mi vida ahora?*" Una motivación equivocada trae malos resultados. Ésa no es la verdadera fe Bíblica. La verdadera fe Bíblica debe estar en lo que Dios ha hecho por nosotros ¡no en lo que estamos haciendo por Dios!

CAPÍTULO 7

Muertos al Pecado

Regresemos a Romanos 6:2 y veamos con algún detalle la primera respuesta que Pablo dio a la pregunta "¿Por qué vivir en santidad?"

¿Cómo nosotros, que hemos muerto al pecado, viviremos aún en el?

Necesitamos entender lo que verdaderamente sucedió en el momento que fuimos vueltos a nacer. La vieja naturaleza de pecado con la que nacimos fue crucificada, muerta y sepultada; y fuimos vueltos a nacer con una naturaleza justa completamente nueva. La naturaleza vieja que se expresaba a través del pecado ya se fue. Una naturaleza nueva que desea expresarse a través del vivir en santidad, ahora ha tomado su lugar.

Para un análisis más a fondo, recomiendo mucho mi estudio *Espíritu, Alma y cuerpo.*[1] Ahí explico mucho más estas verdades básicas referentes a lo que sucedió en tu interior en el instante que volviste a nacer. El entender la interacción entre tu cuerpo, tu alma y tu espíritu renacido te liberará para que camines confiadamente en intimidad con el Señor y que experimentes realmente la vida abundante que Él ha proveído.

Sepultado con Él

¿O no sabéis que todos los que hemos sido bautizados en Cristo Jesús, hemos sido bautizados en su muerte?

Romanos 6:3

Esto no se refiere al bautismo de agua. Algunas personas enseñan eso, pero la Escritura claramente revela que hay más de un bautismo. En Hebreos 6:2, la Palabra habla sobre "la doctrina de los bautismos [plural]". I Corintios 12:13 nos describe siendo bautizados por el Espíritu en el cuerpo de Cristo, que es de lo que Romanos 6:3 trata.

Entre los otros bautismos aparte de éste, se encuentran el bautismo en el Espíritu Santo y el bautismo de agua. (Véase Hechos 11:16). Como puedes ver, hay varios bautismos del Nuevo Testamento. Por lo tanto es importante reconocer a cuál se está refiriendo un capítulo determinado de la Escritura. ¿Está hablando del Espíritu Santo que bautiza en el cuerpo de Cristo a una persona que acaba de volver a nacer, de un Cristiano maduro que bautiza a un nuevo converso en agua, o de Jesús que bautiza a un creyente con el Espíritu Santo y el Fuego?

En romanos 6:3, esta porción de la escritura se refiere a cómo el Espíritu Santo sobrenaturalmente nos coloca en el cuerpo de Cristo en el instante en que volvemos a nacer. Cuando eso sucedió, fuimos bautizados en Su muerte. Esto significa que compartimos la muerte de Jesús.

Porque somos sepultados juntamente con él [Jesús] para muerte por el bautismo, a fin de que como Cristo resucitó de los muertos por la gloria del Padre, así también nosotros andemos en vida nueva. Porque si fuimos [tiempo pasado] plantados juntamente con él en la semejanza de su muerte, así también lo seremos en la de su resurrección.

Romanos 6:4-6

Participamos en la muerte de Jesús cuando el Espíritu Santo nos colocó en Cristo e hizo una realidad en nuestra vida las cosas por las que Él murió. Eso sucedió en el pasado, en el instante en que volvimos a nacer. Pero, debido a que el apropiarnos de lo que Jesús hizo por nosotros requiere de nuestra cooperación, la escritura entonces se refiere al resultado final. En otras palabras, cada Cristiano ha participado de la muerte de su viejo hombre a través de Jesús. Pero no todos hemos participado aún de Su vida de resurrección, que es un producto derivado de ser colocados en Su cuerpo, porque debemos saber esto:

Nuestro viejo hombre fue crucificado juntamente con él, para que el cuerpo del pecado sea destruido, a fin de que no sirvamos más al pecado.

Romanos 6:6

¿Acción o Naturaleza?

Ahora estamos muertos al pecado. Es importante entender que Pablo estaba hablando sobre el pecado (naturaleza de pecado), y no los pecados (acciones individuales de pecado). De las cuarenta y nueve veces que esta palabra *pecado* se usa en Romanos (pecado treinta y siete veces; pecados, cuatro veces; pecar- tiempo pasado, cinco veces; pecadores, dos veces; pecador, una vez), cuarenta y siete veces está hablando de la vieja naturaleza de pecado ("vieja naturaleza" en la Nueva Versión Internacional), no de acciones individuales de pecado. Sabemos esto porque la palabra Griega que se tradujo como *pecado y pecados* cuarenta y siete veces de las cuarenta y nueve no es un verbo, sino un sustantivo.[2] Si recuerdas tus clases de Español, un sustantivo siempre describe a una persona, lugar, o cosa.

Sólo dos veces en todo el libro de Romanos se hace referencia al *pecado* como una acción:

> *A quien Dios puso como propiciación por medio de la fe en su sangre, para manifestar su justicia, a causa de haber pasado por alto, en su paciencia, los pecados [actos de pecado] pasados.*
>
> Romanos 3:25

> *¿Qué, pues? ¿Pecaremos [cometeremos actos de pecado], porque no estamos bajo la ley, sino bajo la gracia? En ninguna manera.*
>
> Romanos 6:15

¡No puedes cambiar tu naturaleza simplemente disminuyendo tus actos de pecado!

Pero en lo que resta del libro de Romanos, la palabra *pecado* y todas sus otras formas (pecados, pecar-tiempo pasado, pecadores, pecador) fueron traducidas de un sustantivo Griego.[3] Por lo tanto, en todo el libro de Romanos sin contar los versos en 3:25 y 6:15, Pablo se refería a la fuerza impulsora que nos compelía a pecar (nuestra vieja naturaleza de pecado), no a los actos individuales de pecado.

Hijos de la Ira

Por tanto, como el pecado entró en el mundo por un

hombre, y por el pecado la muerte, así la muerte pasó a todos los hombres, por cuanto todos pecaron.

Romanos 5:12

A través de Adán, el pecado entró al mundo–no las acciones de pecado sino la naturaleza de pecado. Tú naciste siendo un hijo del diablo.

*Todos nosotros...éramos **por naturaleza** hijos de ira, lo mismo que los demás.*

Efesios 2:3

Vosotros [los no creyentes] *sois de vuestro padre el diablo, y los deseos de vuestro padre queréis hacer.*

Juan 8:44

Lo que hace que la gente cometa actos de pecado es el hecho de que tienen una naturaleza de pecado. Incluso si de alguna manera pudiéramos lidiar con nuestras acciones de pecado y pudiéramos restringir la cantidad de pecados que cometemos (como los no creyentes religiosos a los que Jesús se estaba dirigiendo en Juan 8:44), aun así no hay forma humana de lidiar con esa naturaleza de pecado. ¡No puedes cambiar tu naturaleza simplemente disminuyendo tus actos de pecado! Esto es en lo que la mayoría de la gente legalista se enfoca. Ellos incorrectamente se enfocan en las acciones y en la santidad como la base de su relación con Dios. "No codicies o robes. No cometas adulterio. No hagas estas cosas. Si puedes portarte bien, entonces serás bueno". Eso es exactamente

> A través de Jesucristo Dios fue a la misma raíz del pecado—nuestra naturaleza de pecado —y lidió con ella.

lo opuesto a lo que la Palabra enseña. La razón por la que los no creyentes actúan mal es porque tienen una naturaleza mala que los lleva y los compele a cometer acciones de pecado.

"Sabiendo Esto"

A través de Jesucristo, Dios fue a la misma raíz del pecado– nuestra naturaleza de pecado– y lidió con ella. No sólo nos dio la habilidad de vencer los actos de pecado, sino que Él lidió con la parte de nosotros que estaba corrompida obligándonos a vivir en pecado. Cuando Jesús murió en la cruz, Él no tomó sólo nuestras acciones físicas de pecado, sino que también tomó la misma raíz del pecado–nuestra naturaleza de pecado– sobre Sí.

Al que no conoció pecado, por nosotros lo hizo pecado, para que nosotros fuésemos hechos justicia de Dios en él.

2 Corintios 5:21

> Hasta que tu mente se renueve, continuarás funcionando en la forma como estabas previamente programado.

Jesús no sólo cargó con el pecado–Él se convirtió en el pecado. Él tomó esa naturaleza de pecado sobre Sí mismo y sufrió esa separación de Dios. Él sufrió nuestro rechazo y castigo de Dios por el pecado y murió a esa vieja naturaleza de pecado. Jesús le dio muerte completa y literalmente y fue resucitado de entre los muertos con una vida totalmente nueva que ya no está corrompida ni es susceptible de pecado. Esta vida totalmente nueva ya no tiene en sí esa propensión, ese impulso o esa motivación constante por el pecado. Por eso, las acciones de pecado no tienen más dominio o lugar en Su vida.

Si fuimos plantados juntamente con él en la semejanza de su muerte, así también lo seremos en la de su resurrección; sabiendo esto.

Romanos 6:5-6

A través de Cristo, también hemos muerto con Él al pecado *y* así también lo seremos en Su resurrección *sabiendo esto*:

Nuestro viejo hombre [nuestra vieja naturaleza de pecado] *fue crucificado juntamente con él, para que el cuerpo del pecado sea destruido, a fin de que no sirvamos más al pecado. Porque el que ha muerto, ha sido justificado del pecado.*

Romanos 6:6-7

En otras palabras, una de las razones por las cuales las personas que verdaderamente han vuelto a nacer aún viven en pecado es porque no saben lo que les ha ocurrido. No saben que su vieja naturaleza de pecado ha sido crucificada y se le ha dado muerte en Cristo. ¡Tienes que saber esto!

Programación Previa

En nuestro espíritu renacido, hemos sido liberados. En nuestro espíritu justo y recreado, ya no tenemos la naturaleza del diablo impulsándonos a ser como él. Sin embargo, tu espíritu no es la única fuerza que influye en tu corazón. También tienes una mente no renovada que ha sido enseñada y entrenada a actuar en cierta forma–de acuerdo a tu vieja naturaleza de pecado. Antes de que volvieras a nacer, tu vieja naturaleza –reforzada por todo en el sistema del mundo–te enseñó cómo pensar egoístamente, cómo operar con cólera, amargura, temor, incredulidad y con otras formas de carnalidad. Hasta que tu mente sea renovada, continuarás funcionando de la forma como fuiste previamente programado.

Tu mente natural es semejante a una computadora. Sólo puede hacer aquello para lo que ha sido programada. Una vez que estás en Cristo, has sido liberado del pecado. Al viejo hombre se le ha dado muerte y ya no hay una naturaleza pecadora que te obliga a vivir en pecado. Pero podrías todavía estar viviendo en pecado si no te has reprogramado a ti mismo por la renovación de tu mente. De hecho, muchos Cristianos todavía parecen empujados a pecar.

Por observación, mucha gente no puede ver ninguna diferencia real en su motivación para pecar antes y después de ser vueltos a nacer. Aunque parece que todavía tenemos esta tendencia a pecar, estos pasajes de las escrituras nos dicen que no es nuestro viejo ser, nuestra vieja naturaleza de pecado, lo que nos impulsa a pecar, sino más bien una mente que no ha sido renovada. Ese viejo hombre nos enseñó a actuar de ciertas maneras.

Una vez que sabes esto–que tu viejo hombre está crucificado y muerto–entonces el cuerpo de pecado (la programación en tu mente no renovada que él dejó atrás) puede ser destruido para que de ahora en adelante ya no debas servir más al pecado. Si sabes estas cosas, entonces tú puedes romper este dominio del pecado en tu vida. Desgraciadamente, la mayoría de los Cristianos todavía están laborando bajo esta falsa impresión de que aún tienen una parte de su ser totalmente rendida al diablo y que no hay nada que puedan hacer.

A lo mejor te estás preguntando: "*¿Bueno y qué del capítulo 7 de Romanos?*" Más adelante en este libro, voy a contrastar Romanos 7 con Romanos 8 en detalle. Pero no creo que la Escritura nos enseñe que los creyentes renacidos aún tienen este viejo hombre. Esto es exactamente de lo que Pablo hablaba aquí en la primera mitad de Romanos 6. Tu viejo hombre fue crucificado con Cristo. Estás muerto. "¿Pero si estoy muerto, entonces por qué todavía estoy cometiendo pecados y aún experimento este impulso hacia el pecado en ciertas áreas? Si estoy muerto, "¿no sería eso diferente?" No a menos que hayas renovado tu mente.

Tu mente natural va a funcionar de la forma como fue programada hasta que sea reprogramada. Puedes tener la vida de Dios en tu espíritu renacido y ser totalmente un nuevo ser en tu espíritu, pero aun así experimentar una tendencia a ciertos pecados. Tu mente sólo está siguiendo su programación anterior.

Espíritu Santo de Pared a Pared

No me acuerdo de cuándo me abotoné la camisa esta mañana porque esta acción se ha vuelto casi automática para mí. Puesto que ya ni siquiera estoy consciente del hecho de que lo hice, se ha convertido en algo "natural" para mí. Pero no siempre fue así. Recuerdo que de niño batallaba para abotonarme mi camisa. Parecía que siempre me salía mal. Aunque el aprender a abotonarme la camisa me costó trabajo, lo he aprendido tan bien que ahora es algo muy natural para mí.

Recuerdo estar sentado en un sillón en nuestra casa y a mi abuela enseñándome a amarrarme las agujetas de los zapatos. Era muy complicado entonces, pero ahora ni siquiera tengo que pensar al respecto. Es automático. Es natural. Simplemente me amarro las agujetas cuando lo necesito sin ningún esfuerzo consciente.

Lo mismo sucede con nuestros hábitos, codicias, deseos, e impulsos a pecar. Antes de que volviéramos a nacer, teníamos una naturaleza que nos impulsaba a pecar. Nuestros actos de pecado se manifestaban por nuestra naturaleza de pecado. Esta naturaleza nos manejaba y era reforzada por la sociedad. Todos los demás también tenían una naturaleza vieja, así que estábamos bombardeados desde todos los ángulos todo el tiempo con mensajes de cómo ser egoísta, egocéntrico, odiar a la gente, buscar nuestra ventaja y aprovecharnos de otros. Nos han enseñado cómo estar deprimidos, ver constantemente el lado negativo de las cosas, ser rudos con otros, y muchas otras acciones pecaminosas. Todas estas cosas son rasgos adquiridos de la naturaleza que originalmente estaba dentro de nosotros impulsándonos a hacerlas. Pero ahora que estamos en Cristo, ya no es así. Esa vieja naturaleza ya no está ahí manejándonos más.

La única cosa que nos hace permanecer bajo este yugo de pecado es una mente sin renovar. No sabemos que hemos sido liberados. Pensamos: *"Sólo soy humano. Sólo soy un hombre o sólo soy una mujer"*, y cantamos canciones como: "Un día a la vez, querido Jesús". Pero no es verdad. No sólo somos humanos. Hemos vuelto a nacer y ahora existe una parte de nosotros renacida completamente nueva. Una tercera parte de nosotros es de pared a pared Espíritu Santo. Somos una nueva persona en Cristo. Tenemos una nueva naturaleza en Él.

Todos los creyentes vueltos a nacer en Jesucristo han sido liberados del dominio de su vieja naturaleza de pecado.

Si no sé y no entiendo esto, si creo que soy sólo humano, entonces cuando la oposición sobrenatural venga, cuando los poderes demoníacos se levanten en mi contra, y cuando las tentaciones sean fuertes, podría resistir por un tiempo, pero luego voy a pensar: *"Sólo soy un hombre. Estoy limitado en lo que puedo hacer. Hay límites en lo que puedo resistir"*, y entonces voy a terminar cediendo a la tentación.

Necesito entender que soy una nueva persona en Cristo con una naturaleza completamente nueva llena de la habilidad sobrenatural de Dios dentro de mí. Si sé esto y me baso en ello tanto que lo que veo, pruebo, escucho, huelo y siento no me domina, entonces mi opinión de mi ser renacido se basa en la Palabra de Dios. Si eso me controla y me domina, entonces puedo vencer esas tentaciones y esa codicia por el pecado.

L-I-B-E-R-A-D-O del Pecado

En los años 1800, el Presidente Abraham Lincoln promulgó la Proclama de Emancipación que liberó a los esclavos en los Estados Unidos de América. Fueron liberados –L-I-B-E-R-A-D-O-S– pero no eran necesariamente libres –L-I-B-R-E-S. Existen casos documentados de muchos Afroamericanos que no se enteraron de la Proclama de Emancipación. Algunos esclavistas no informaron a sus esclavos. En ese tiempo, no se tenía acceso a los medios masivos de comunicación como lo tenemos hoy en día. Para algunos de esos esclavos pasaron años antes de que escucharan rumores de que habían sido liberados.

Habían sido liberados, pero no eran libres porque había algo que no sabían. Hubieran podido ser libres, pero eso dependía de que ellos conocieran la verdad, y entonces tuvieran el valor de marcharse y poner esa verdad a prueba resistiendo a su amo anterior y obteniendo el poder y la autoridad del sistema legal para que los respaldara.

El que ha muerto, ha sido justificado del pecado.

Romanos 6:7

Todos los creyentes renacidos en Cristo Jesús han sido liberados del dominio de su vieja naturaleza de pecado. ¿Eso quiere decir que vamos a caminar libres? Bueno eso depende de cuánto sabemos.

CAPÍTULO 8

Renueva tu Mente

Un amigo mío en una iglesia me escuchó enseñar que los creyentes renacidos están muertos al pecado. No me dijo nada mientras yo estaba ministrando, pero después escuché las cintas y oí sus comentarios. Después de que me fui, el adoptó una actitud agresiva y ridiculizó esta verdad, diciendo: "No entiendo lo que Andrew estaba tratando de decir, pero cualquiera puede deducir por observación que todavía tenemos esta inclinación hacia el pecado. Aunque no me gusta estar en desacuerdo con él, está totalmente equivocado en este campo. ¡Todavía tenemos inclinación hacia el pecado!"

No estoy diciendo que no tenemos una inclinación, sino que estoy diciendo que esa tendencia ahora no es una naturaleza que nos empuja hacia el pecado. Simplemente es una mente sin renovar –y esa mente es una fuerza muy apremiante.

Realidad Virtual

Cuando pasas por la primera cima de una montaña Rusa y empiezas a bajar a una velocidad que te puede romper el cuello, físicamente sientes como si tu estómago se te estuviera subiendo a la garganta. ¿Te acuerdas cómo se siente? Eso se basaba en un hecho–que en realidad te subiste a la montaña Rusa. Es algo que en realidad sucedió. Pero tu mente también estuvo involucrada.

Por lo tanto, usando un sistema de realidad virtual en tus ojos y oídos, puedes engañar a tu mente para que piense que estás de nuevo en la montaña Rusa. Entonces a medida que "bajas de la primera cima," puedes experimentar nuevamente la sensación de tu estómago subiéndose a tu garganta, aunque en realidad no está sucediendo. Puedes volver a experimentar esas sensaciones y emociones físicas como antes nada más induciéndolas a través de la mente.

Puedes hacer lo mismo con alguien que se marea si le dan de vueltas y vueltas y vueltas y se siente enfermo con ganas de vomitar. Podría estar sentado absolutamente quieto sometido a un sistema de realidad virtual. Sin embargo, como ese sistema está alimentando a su mente con imágenes de dar vueltas y vueltas puedes inducir la misma sensación –incluso hasta el punto de hacer que esa persona vomite–sin que nada físico esté sucediendo en realidad. Ya no hay circunstancias físicas que lo estén ocasionando. Todo está en la mente. A la mente se le ha enseñado cómo reaccionar a la vista y al sonido. La mente puede producir muchas de estas mismas respuestas que antes fueron producidas por una realidad física.

El viejo hombre estaba acostumbrado a guiar nuestra forma de pensar. Por eso experimentábamos lujuria y deseo por el pecado. Era verdad que había algo dentro de cada uno de nosotros–una naturaleza–que nos conducía al pecado. Pero esa naturaleza murió en el momento que volvimos a nacer. Si tú has vuelto a nacer, ya no estás siendo conducido al pecado por una parte de ti que es–por naturaleza–un hijo del diablo. Todo lo que sucede ahora es que hay algo que está jugando con tu mente. Satanás se aprovecha de estos viejos patrones de pensamiento que teníamos hacia el pecado. Es nuestra mente sin renovar la que nos conduce al pecado. Para romper este dominio debemos reconocer que ¡*Oye, en realidad esto no está sucediendo*!

Si supieras que tenías un sistema de realidad virtual en ti y entendieras que en realidad sólo estabas sentado en una silla, tú podrías evitar que tu mente (y cuerpo) "experimenten" el mismo grado de sensación y movimiento. Si tú supieras que la verdadera fuente de estos pensamientos eran esas cosas en tu cabeza que cubrían tus ojos y tus oídos–y no la realidad–tú podrías controlar tus reacciones y respuestas a esto. Al actuar con base en ese conocimiento–*"Esto no está sucediendo en la realidad, pero me lo están imponiendo"*–podrías calmarte a ti mismo, disminuir el malestar, y evitar que vomitaras.

> ## La clave de la vida Cristiana es la renovación de la mente.

Puedes hacer lo mismo espiritualmente, diciendo: "No me importa como se ven las cosas. Yo se que estoy muerto a esa vieja naturaleza de pecado que me guiaba en un tiempo. Esa cosa murió con Cristo y ahora se ha ido. Tengo una naturaleza justa completamente nueva dentro de mí y me niego a volver a someterme por más tiempo a la vieja programación". Tú podrías experimentar algunas de las mismas emociones que tenías antes que volvieras a nacer, pero la verdad es que tú estás muerto a ese pecado. Ya no estás siendo empujado a vivir en eso. Es sólo tu mente sin renovar la que atrae estos pensamientos. Y mientras tu mente permanesca sin renovar, vas a continuar operando de la misma forma como lo hiciste antes bajo los mismos impulsos, situaciones y tentaciones. Pero conforme renuevas tu mente, serás capaz de vencerlos. ¡La clave es el renovar tu mente!

Transformado por la Renovación

Así que, hermanos, os ruego por las misericordias de Dios, que presentéis vuestros cuerpos en sacrificio vivo, santo, agradable a Dios, que es vuestro culto racional. No os conforméis a este siglo, sino transformaos por medio de la renovación de vuestro entendimiento, para

que comprobéis cuál sea la buena voluntad de Dios,
agradable y perfecta.

Romanos 12:1-2

La palabra "transformado" aquí es la palabra Griega *metamorphoo.*[1] Es la palabra Griega de la que derivamos "metamorfosis". Una oruguita teje un capullo y luego sale convertida en mariposa. Si quieres esta clase de cambio en tu vida, la forma como sucede es por la renovación de tu mente.

La clave de la vida Cristiana es la renovación de la mente. Cuando volviste a nacer, tu espíritu cambió–pero no así tu mente natural. Esta permaneció sin renovar. No necesitas más de Dios en tu corazón. Ya tienes todo lo de Dios ahí. Todo lo que necesitas ya está en tu espíritu renacido–la vida de Dios, la fe de Dios, el gozo de Dios, la paz de Dios, la unción de Dios y todo lo demás que es de Dios–pero sólo se va a manifestar en tu vida en la medida en que renueves tu mente.

Si todavía crees que eres un viejo pecador y sólo es cuestión de tiempo para que esa vieja naturaleza te lleve a hacer algo, estás creyendo algo contrario a las Escrituras. Deja de abrazar esta idea equivocada y de confesar: "Soy sólo un pecador salvo por la gracia". Reconoce en cambio la verdad de que la influencia de tu vieja naturaleza sobre ti ya ha sido quebrantada. Ahora estás muerto con Cristo al pecado. Con lo que ahora estás lidiando es lo que Romanos 6:6 llama "el cuerpo de pecado". No es la verdadera naturaleza de pecado en sí, sino el cuerpo que dejó atrás.

Cadáveres que se Sacuden

La muerte física es cuando tu espíritu se separa de tu cuerpo.

*Como el cuerpo sin espíritu está muerto, así también
la fe sin obras está muerta.*

Santiago 2:26

Cuando el espíritu de una persona deja
su cuerpo, esa es la muerte. Aunque ese
espíritu va a estar con el Señor, deja atrás
un cuerpo. Por un período de tiempo breve,
ese cuerpo no se hecha a perder, sino que
se ve como la persona que una vez vivió
en él. De hecho, un cuerpo muerto puede
tener aún algunas reacciones. Por ejemplo, si cortas la cabeza de
una serpiente, el cuerpo se va a arrastrar por ahí y va a parecer
que está vivo. Si le cortas la cabeza a una gallina, también va a
revolotear en todas direcciones. Aunque está muerta, el cuerpo
todavía puede reaccionar.

> Ya nunca más
> tenemos que vivir
> en esclavitud al
> pecado.

Un amigo mío trabajaba en la morgue que estaba en el
decimotercer piso del hospital *Parkland* en Dallas, Texas. Una vez
jaló a un hombre muerto que estaba sobre la plancha y luego se
volteó para agarrar algo. Cuando se volteó, este cuerpo se había
sentado con sus ojos y boca totalmente abiertos. Estaba nomás
sentado ahí con sus brazos colgando a los lados. ¡Mi amigo casi
saltó por la ventana! Pensó que esta persona estaba viva y se
asustó.

Mi amigo corrió y trajo a alguien. Regresaron a revisar el
cadáver y empujaron el cuerpo para recostarlo de nuevo. Aunque
esta persona estaba muerta, diferentes tipos de reacciones eléctricas
estaban haciendo que su cuerpo se sacudiera y se moviera. Estaba
totalmente muerto, pero su cuerpo aún estaba reaccionando.

Nuestro viejo hombre está muerto, pero dejó atrás un "cuerpo".
No estoy hablando de nuestro cuerpo físico de carne y hueso.
Me refiero a la programación de la mente– las actitudes y el

> Necesitamos armarnos a nosotros mismos obteniendo el mismo pensamiento que Jesús tiene ahora hacia el pecado.

pensamiento erróneos. Ése es "el cuerpo de pecado" del que Pablo estaba hablando, y tenemos que saber esto: "Nuestro viejo hombre fue crucificado juntamente con él [Jesús]" (Ro. 6:6).

Entonces, el siguiente paso es destruir ese cuerpo de pecado. Lo hacemos al destruir sistemáticamente esos pensamientos y emociones erróneos con la Palabra de Dios y al reemplazarlos con pensamientos y emociones santos. El resultado final de este proceso que se llama renovar la mente es "a fin de que no sirvamos más al pecado" (v.6).

Las buenas nuevas son que Jesús fue a la misma raíz del problema del pecado. Él lidió con determinación con esa naturaleza de pecado, y–en Cristo–nosotros también hemos muerto al pecado. Por lo tanto, no tenemos que vivir para el pecado. Si sólo supiéramos y entendiéramos esto, ¡nuestra vida cambiaría!

Vivos para Dios

Y si morimos con Cristo, creemos que también viviremos con él.

Romanos 6:8

Estamos muertos con Cristo, pero el vivir con Él depende de lo que sabemos.

Sabiendo que Cristo, habiendo resucitado de los muertos, ya no muere; la muerte no se enseñorea más de él.

Romanos 6:9

Es el "saber", una vez más. Como dicen estos dos versos: "Creemos también que viviremos con Él: *sabiendo* que..." Si tú no sabes esto, si no estás verdaderamente cimentado en ello, entonces no vas a experimentar la vida de resurrección, victoria y poder que nos pertenece. Tú tienes que saber "Que Cristo, habiendo resucitado de los muertos, ya no muere; la muerte no se enseñorea más de Él" (v.9).

La mayoría de la gente entiende que Jesús no está batallando con el pecado. Él no está allá arriba negándose a sí mismo y tratando de controlar su vieja naturaleza de pecado. Con Cristo, eso ya terminó. Jesús es ahora totalmente santo y totalmente puro.

En cuanto murió, al pecado murió una vez por todas; mas en cuanto vive, para Dios vive

Romanos 6:10

De nuevo, eso habla de Jesús. La mayoría de la gente estaría de acuerdo con eso. Pero mira lo que dice el siguiente verso:

Así también vosotros [de la misma manera] *consideraos muertos al pecado, pero vivos para Dios en Cristo Jesús, Señor nuestro.*

Romanos 6:11

¡Qué afirmación tan radical! Tienes que verte a ti mismo muerto al pecado de la misma manera como Cristo está muerto al pecado.

¿Piensas que Jesús todavía tiene una vieja naturaleza de pecado más una naturaleza justa dentro de Él, y que está batallando entre las dos? ¡Por supuesto que no! Jesús está muerto al pecado. Él ya no está lidiando con ninguna propensión, naturaleza de pecado o tendencia real al pecado. Él tomó eso en su propio cuerpo y sufrió por ello. Eso está muerto, enterrado y se ha ido. Tenemos que vernos a nosotros mismos exactamente como a Jesús–resucitados a una nueva vida en Dios.

No Dejes Que El Pecado Reine

Vosotros también armaos del mismo pensamiento; pues quien ha padecido en la carne, terminó con el pecado.

1 de Pedro 4:1

Algunas personas enseñan que esto significa: "Mientras más sufras, más romperá eso el dominio del pecado en tu vida". Eso en realidad no es verdad. Algunas de las personas que más han sufrido son algunos de los peores pecadores. Esto en realidad significa que Jesús–el que sufrió en la carne al tomar nuestros pecados en Su propio cuerpo en la cruz y que murió por nosotros–ha terminado con el pecado. El pecado ya no tiene dominio sobre Él.

Necesitamos armarnos a nosotros mismos obteniendo el mismo pensamiento que Jesús tiene ahora hacia el pecado. Él no se identifica con el pecado. Él no siente que haya una parte de Él que esté atada por naturaleza al pecado. Él ciertamente sabe más que eso.

Entonces tanto 1 de Pedro 4:1 como Romanos 6:11 nos dicen que debemos tener esta misma actitud de Cristo hacia el pecado. Aquí está el resultado de esta actitud:

No reine, pues, el pecado en vuestro cuerpo mortal,
de modo que lo obedezcáis en sus concupiscencias.

Romanos 6:12

"No reine". Esto significa que sí tienes el poder de hacer que el pecado–el sustantivo *pecado*–deje de reinar en tu vida. La misma naturaleza de pecado ha muerto y se ha ido, pero de ti depende que le permitas que continúe su reinado a través del cuerpo–programación previa–que dejó atrás. No permitas que la inclinación que tienes hacia el pecado por tu mente que no ha sido renovada reine en tu cuerpo mortal. Puesto que la Palabra te ordena no hacer esto, esto muestra que sí tienes el poder para negar al pecado el derecho de reinar en tu vida.

"No Bajo la Ley..."

Ni tampoco presentéis vuestros miembros al pecado como instrumentos de iniquidad, sino presentaos vosotros mismos a Dios como vivos de entre los muertos, y vuestros miembros a Dios como instrumentos de justicia. Porque el pecado no se enseñoreará de vosotros; pues no estáis bajo la ley, sino bajo la gracia.

Romanos 6:13,14

La ley no fue dada para romper el dominio del pecado, sino para darle al pecado dominio sobre nosotros. La ley fortaleció al pecado (1 Co. 15:56). La ley hizo que el pecado despertara y reviviera (Ro. 7:9). La ley le dio poder al pecado porque el pecado ya estaba presente en la naturaleza de pecado. La gente estaba engañada al pensar: "*Si sólo dejo de vivir en las acciones del pecado, entonces voy a estar bien*". Aunque pudieran hacerlo (pero en realidad no podían) y pusieran un límite a la cantidad de acciones de pecado que cometieran y de una u otra forma se sintieran bien consigo mismos, aun así no podrían cambiar su naturaleza de pecado. Aún estaba ahí. A lo mejor estaba un poco adormecida. A lo mejor estaba tranquilizada por todas estas buenas obras que se estaban haciendo, pero la verdad es que no podemos cambiar nuestra naturaleza simplemente portándonos bien.

Así que el Señor tuvo que sacarnos de este engaño. ¿Cómo lo hizo? Empezó diciendo: "No harás esto…" Entonces cuando escuchamos el mandamiento que dice no harás esto, codiciamos aquello mismo que nos fue prohibido hacer.

> **Dios no ató a Eva y Adán con un montón de reglas y reglamentos. Él les dio libertad.**

De niño, ¿Cómo hacías que alguien hiciera algo que no quería hacer? Sólo les decías sarcásticamente: "No lo puedes hacer. ¿Qué eres, una gallina? ¡Cobarde! Te apuesto a que no lo puedes hacer". En el momento en que tú le decías a alguien que no lo podía hacer, ese alguien se rompería el cuello tratando de hacerlo.

Tiempo atrás cuando era corredor, estaba compitiendo en una carrera de 10 mil m. Cuando me faltaban como 400 m para llegar a la meta, otro corredor empezó a pasarme. Traté de alcanzarlo, pero ya no tenía energía. Había logrado un récord personal pero ya no me quedaba nada. Este muchacho se dio cuenta de que estaba tratando de alcanzarlo. Se volteó a verme por arriba de su hombro y dijo muy sarcásticamente: "¡Puedes hacerlo mejor!" Cuando dijo eso, fue como si me hubiera convertido en Hulk el increíble. Mis motores de reserva se encendieron y ¡lo derroté en los últimos cuatrocientos m de esa carrera por 10 m! No sé de dónde vino esa fuerza, pero algo pasa cuando alguien nos dice que no podemos hacer algo, porque esto mismo hace que queramos hacerlo.

La mayoría de nosotros probablemente hemos experimentado algo similar a esto. Hay algo dentro de nosotros que se enciende cuando escuchamos: "No harás esto…" y nos hace responder: "¡Bendito Dios, lo voy a hacer!" Algo dentro de nosotros reacciona porque Dios no nos creó para ser dominados por reglas y reglamentos.

Dios no ató a Eva y Adán con un montón de reglas y reglamentos. Él les dio libertad. Cuando la ley vino, su propósito no era romper el dominio del pecado en tu vida. Más bien, era para ilustrar: "Oye, estás atado sin esperanza a esta naturaleza de pecado. No te puedes cambiar a ti mismo sólo por mejorar un poquito. ¡Necesitas ayuda! Y para probártelo te voy a mostrar lo que hay en tu corazón. "No cometerás adulterio". De repente el pecado revivió y empezaste a codiciar todo lo que Dios te dijo que no hicieras.

Un hombre que estaba escuchando mi enseñanza sobre esto, decidió comprobarlo por sí mismo. En su patio trasero su hijo y unos amigos habían estado jugando tranquilamente por más de media hora. Él caminó hacia ellos y les dijo: "Oigan niños, están portándose bien. Pero hagan lo que hagan, ¡no escupirán en esta flor!" Entonces se metió en la casa y miró por la ventana. La mitad de los niños se acercaron y escupieron en esa flor. Los otros se quedaron ahí parados con sus bocas abiertas y babeando—deseando tener el valor suficiente para escupir en esa flor. Ellos inmediatamente codiciaron aquello que se les ordenó no tener.

> Nosotros no produjimos nuestra naturaleza de pecado y en realidad no podemos producir nuestra nueva naturaleza.

"...Sino Bajo la Gracia"

¡Ahora reina la gracia!

Eso es lo que hizo la ley. En realidad le dio al pecado–a esta naturaleza de pecado –dominio sobre nosotros. Hizo que el pecado–el sustantivo *pecado*– reviviera y empezara a codiciar todo lo que se nos dijo que no podíamos obtener. El propósito era sacarnos de nuestro engaño y ayudarnos a reconocer que aunque podríamos haber vencido unas acciones individuales de pecado, esa naturaleza de pecado aún estaba ahí. Éramos por naturaleza hijos del diablo y la única salida era recibir una naturaleza completamente nueva. Y eso es algo que no podemos producir. No produjimos nuestra naturaleza de pecado y por supuesto no podemos producir nuestra nueva naturaleza. Tenemos que recibirla como un regalo de Dios.

Entonces en Romanos 6:14, Pablo dijo que esta vieja naturaleza "no se enseñoreará de vosotros; pues no estáis bajo la ley, sino bajo la gracia".

CAPÍTULO 9

¿De Quién Eres Siervo?

Así como el pecado reinó para muerte, así también la gracia reine por la justicia para vida eterna mediante Jesucristo, Señor nuestro.

Romanos 5:21

En un tiempo el pecado reinó para la muerte, pero ahora la gracia reina para la vida eterna. ¡Ahora reina la gracia! Cuando empiezas a entender la gracia de Dios, esto permite que la vida eterna funcione en ti, en la misma forma como la ley del Antiguo Testamento hizo que la lujuria reviviera y se manifestara a través de ti.

¿Rendido a Satanás o a Jesús?

¿Qué, pues? ¿Pecaremos [cometeremos acciones pecaminosas] *porque no estamos bajo la ley, sino bajo la gracia? En ninguna manera.*

Romanos 6:15

Después Pablo se refirió a la segunda razón para vivir en santidad:

> *¿No sabéis que si os sometéis a alguien como esclavos para obedecerle, sois esclavos de aquel a quien obedecéis, sea del pecado para muerte, o sea de la obediencia para justicia?*
>
> Romanos 6:16

Si vives una vida de impiedad, le estás dando acceso a Satanás sobre ti.

> *El ladrón no viene sino para hurtar y matar y destruir; Yo [Jesús] he venido para que tengan vida, y para que la tengan en abundancia.*
>
> Juan 10:10

Jesús vino a darnos vida en abundancia, pero el diablo viene para robar, matar y destruir. Puesto que Satanás es el autor del pecado, cuando nos sometemos a éste, nos estamos sometiendo a él.

Una vez más, la razón número uno por la que un creyente renacido no vive en pecado es porque ahora no es nuestra naturaleza el hacerlo. Si tú supieras esta verdad, vivirías una vida más santa sin proponértelo de lo que lo haz hecho a propósito. Empezarías a entender que la santidad no hace que Dios actúe en tu vida, pero la escasez de santidad en tu vida le dará acceso a Satanás sobre ti – y tú no quieres esto. Probablemente aun así Dios te ama, pero estarás tratando de correr tu carrera lleno de lastres. Si estás jalando 50 kg extras, a lo mejor ni terminas la carrera. Así es con el pecado.

Los Efectos del Pecado

Estrictamente hablando, tú podrías ir a vivir en pecado. ¿Pero que ocasionaría esto? ¿Haría que Dios te rechazara? No. Pero puede hacer que tú rechazaras a Dios porque endurecería tu corazón. Hebreos 3:13 dice que tu corazón se puede endurecer "por el engaño del pecado". El pecado te hará más lento. Satanás pondrá problemas en tu vida. Podrías enfermarte a través de una vida de pecado. Jesús le dijo eso a algunas personas, como al hombre impotente (enfermo) de la pila de Betesda al que le dijo: "No peques más, para que no te venga una cosa peor" (Juan 5:14).

Algunas enfermedades–pero no todas–se relacionan con el pecado. Por ejemplo, tú puedes ir y vivir en adulterio y aun así Dios te amaría, pero tú habrás abierto una puerta enorme hacia tu vida para el diablo—enfermedades sexuales transmisibles, heridas emocionales y un montón de cosas que te pueden suceder. Dios todavía te amaría igual, pero el pecado se cobrará en tu vida.

> ¡Éstas son verdades muy poderosas, pero tan contrarias a como piensa la gente hoy en día!

Algunos ministros que predicaban en los medios masivos de comunicación se descarriaron y vivieron en la inmoralidad sexual y malversaron fondos, entre otras cosas. Es posible que estas personas fueran verdaderos vueltos a nacer y que verdaderamente amaran a Dios, pero simplemente se dejaron atrapar por el pecado. No conozco sus corazones, pero si eso es verdad, entonces Dios aún los ama con base en Su gracia. Pero el diablo se aseguró de que ellos pagarán un precio muy alto por su pecado.

Perdieron sus ministerios y sus familias. Les costó su respeto y honor. En algunos casos han tenido que pasar tiempo en la cárcel. Han sufrido el ridículo y la vergüenza, la culpa y la condenación. Aunque ese pecado los hirió grandemente, no es Dios el que está administrando "castigo". Le dieron lugar al diablo quien entonces vino y los despojó. Satanás es el que les causó tanto dolor y agonía.

Siervo de la Justicia

Soy libre *del* pecado, pero no libre *para* pecar. Cualquier persona que entiende el Evangelio simplemente no va a ir a vivir en pecado.

> *Porque la gracia de Dios se ha manifestado para salvación a todos los hombres, enseñándonos que, renunciando a la impiedad y a los deseos mundanos, vivamos en este siglo sobria, justa y piadosamente.*
>
> Tito 2:11-12

La gracia de Dios nos enseña a vivir una vida santa. La gracia no guía a la gente al pecado. Alguien podría decir: "Muy bien, pero yo sé de una persona que oyó hablar de la gracia y entonces fue a seguir viviendo en pecado". No todos los que han escuchado el mensaje de la gracia van a ser perfectos. Igualmente no todas las personas que han escuchado el mensaje de la culpa y de la condenación son perfectos. De cualquier forma, vamos a fallar y a estar por debajo del estándar algunas veces. Pero la gracia de Dios a fin de cuentas romperá el dominio del pecado si se entiende verdaderamente. Las personas que comprenden y reciben la gracia de Dios, no son dotadas de valor para pecar, más bien son liberadas del pecado. Estas son verdades muy poderosas, ¡pero tan contrarias a como piensa la gente hoy en día!

> *Gracias a Dios, que aunque erais esclavos del pecado, habéis obedecido de corazón a aquella forma de doctrina a la cual fuisteis entregados.*
>
> Romanos 6:17

Estábamos atados, como esclavos, a esta vieja naturaleza. Pero ahora a través de Jesús, hemos sido liberados.

> *Y libertados del pecado, vinisteis a ser siervos de la justicia. Hablo como humano, por vuestra humana debilidad; que así como para iniquidad presentasteis vuestros miembros para servir a la inmundicia y a la iniquidad, así ahora para santificación presentad vuestros miembros para servir a la justicia.*
>
> Romanos 6:18-19

Pablo decía: "Te estoy dando un ejemplo terrenal para que puedas entender mejor. Así como eras esclavo de tu vieja naturaleza y del pecado, ahora necesitas verte a ti mismo como a un esclavo de tu nueva naturaleza y santidad. Reconoce la verdad y empieza a verte justo y santo en Cristo. De la misma forma que esta vieja actitud produjo suciedad en tu vida, esta nueva actitud producirá santidad en tu vida si tan sólo puedes ver que tu vieja naturaleza ya ha muerto y se ha ido. Si sólo pudieras entender lo limpio y puro que eres en realidad ahora a la vista de Dios, no te descarriarías, no flaquearías, ni vivirás en pecado".

> No importa lo que hemos hecho, tenemos que vernos a nosotros mismos limpios y perdonados a través de Cristo.

¿Cómo te Ves a Ti Mismo?

Una de las razones por lo que algunas gentes viven en la inmoralidad sexual es porque se ven a sí mismos corrompidos y manchados. No se están viendo a sí mismos puros. Ellos podrían liberarse si alguna vez entendieran que a través de Jesús han sido limpiados.

> Así como las buenas acciones de una persona perdida no pueden cambiar su naturaleza de pecado, tampoco las acciones pecaminosas de un creyente renacido pueden cambiar su naturaleza justa.

En una ocasión yo le estaba ministrando en estos términos a una mujer. Ella tenía problemas con la inmoralidad sexual, pero no todo había sido su elección. Parte de eso fue una violación, incesto, y cosas semejantes. Ella se sentía deshonrada. Entonces, como se veía a si misma deshonrada–aun desde que era una niñita–eso se convertía en una profecía que se cumplía en su vida. Ella estaba flaqueando y reviviendo esta deshonra al ceder a la inmoralidad sexual.

Cuando estaba orando por ella, el Señor me dio una imagen para compartirla con ella. Me dijo que le dijera que Él la veía en el espíritu limpia y pura–justo como una novia toda vestida de blanco y completamente virginal. Empecé a compartir estas cosas con ella con el propósito de permitirle que se viera a sí misma de esa forma. Si ella recibía esta imagen de sí misma, eso rompería este dominio del pecado.

Cuando una mujer, se ve a sí misma como una prostituta, eso se convierte en una profecía que se cumple. No importa lo que hemos hecho, tenemos que vernos a nosotros mismos limpios y perdonados a través de Cristo. Si podemos ver eso, de ninguna forma podemos tomar los miembros de Cristo–esta santidad que Dios nos ha dado–para ir y prostituirla otra vez. Esto es el asunto que Pablo estaba estableciendo.

"Libre del Pecado"

Cuando erais esclavos del pecado, erais libres acerca de la justicia.

Romanos 6:20

Antes de que volvieras a nacer, eras esclavo de esa vieja naturaleza. Independientemente de lo bien que te portabas o cuánto limitabas tus acciones de pecado, eso no cambiaba tu naturaleza impía. Eras "libre de la justicia". Eso no significaba que antes de que fueras vuelto a nacer no podías hacer nada bien. Ese no es el caso. Algunas personas que no son salvas son muy buenas personas. Eso sólo significaba que todos tus actos de justicia no podían cambiar tu naturaleza. Eras por naturaleza un hijo del diablo. (Ef. 2:3).

> *¿Pero qué fruto teníais de aquellas cosas de las cuales ahora os avergonzáis? Porque el fin de ellas es muerte.*
>
> Romanos 6:21

Antes, cuando permitías que tu naturaleza de pecado te dominara y controlara, había mucho fruto–acciones pecaminosas y toda la muerte que acarreaban.

> *Ahora que habéis sido libertados del pecado y hechos siervos de Dios, tenéis por vuestro fruto la santificación, y como fin, la vida eterna.*
>
> Romanos 6:22

Cuando estabas perdido, eras un esclavo del pecado (v.20). Ahora que has vuelto a nacer, eres un siervo de Dios (v.22). La naturaleza de pecado ya ha muerto y se ha ido, y tú tienes un espíritu completamente nuevo. Ser "libres acerca de la justicia" (v.20) significa que cuando eras una persona no salva podías hacer algunas cosas buenas, pero no podías cambiar tu naturaleza pecaminosa. Ser "libres del pecado" (v.22) significa precisamente lo opuesto–que aunque puedes cometer algunas acciones pecaminosas, no puedes cambiar tu naturaleza justa. ¿Lo entendiste?

Las Acciones No Cambian Tu Naturaleza

Por supuesto, un Cristiano puede cometer actos de pecado. Muchos versos hablan de esto. Pero lo que Pablo decía es que así como las buenas acciones de una persona perdida no pueden cambiar su naturaleza de pecado, tampoco las acciones de pecado de un creyente renacido pueden cambiar su naturaleza justa.

Muchos Cristianos han aceptado un lado de esta verdad, pero no el otro. Saben que la naturaleza pecaminosa de alguien no puede ser cambiada sólo por portarse bien. Pero entonces, es triste decirlo, ellos piensan que pueden cambiar y contaminar su naturaleza justa y renacida por sus acciones de pecado. Este capítulo de la escritura refuta esta inconsistencia. No eres más capaz de contaminar tu naturaleza justa y renacida por tus acciones de pecado que de perfeccionar tu naturaleza de pecado por tus acciones de justicia. Si siendo una persona perdida tus acciones de justicia no podían cambiar tu naturaleza pecaminosa, entonces tampoco tus acciones de pecado como Crsitiano pueden cambiar tu naturaleza justa. ¡Esto es maravilloso!

Sé que esto genera muchas preguntas válidas como: "¿Significa esto que cuando pecamos no perdemos nuestra salvación?" No tengo espacio aquí para contestar eso adecuadamente. Entonces te recomiendo mis estudios: "La seguridad del Creyente" y "Perdón Total," aparte de la que ya he mencionado titulada "Identidad en Cristo". ¡Ésta es una verdad muy, muy poderosa!

"Bueno, Andrew, entiendo que estaba muerto en pecado hasta que volví a nacer. También puedo creer que recibí una naturaleza justa, completamente nueva en el momento que fui salvo. Pero he pecado desde entonces y mi naturaleza se corrompió una vez más". ¡Error! Tu naturaleza no se corrompe cada vez que pecas como tampoco tu naturaleza se hacía justa cada vez que hacías algo virtuoso antes de que volvieras a nacer. Esto es lo que estos versos están comunicando.

Romanos 6:22 continúa diciendo: "Tenéis por vuestro fruto la santificación". La santidad es un fruto de la salvación, no una raíz de la salvación. La santidad es un producto derivado de una relación con Dios, no una forma de obtenerla. Con la santidad no nos ganamos nada de Dios. Ésta sólo es el resultado natural de entender nuestra relación correcta con Él.

> En nuestro espíritu renacido, somos como Jesús es ahora mismo.

Hemos sido corrompidos por pensar cosas contrarias al Evangelio. Si pudiéramos liberarnos de una mentalidad de obras para verdaderamente entender la gracia de Dios, terminaríamos viviendo por accidente, más santamente de lo que hemos podido vivir a propósito. Una vez que hemos sido vueltos a nacer, ¡simplemente es nuestra naturaleza el empezar a vivir en santidad!

CAPÍTULO 10

Deseando Pureza

Mirad cuál amor nos ha dado el Padre, para que seamos llamados hijos de Dios; por esto el mundo no nos conoce, porque no le conoció a él. Amados, ahora somos hijos de Dios, y aún no se ha manifestado lo que hemos de ser; pero sabemos que cuando él se manifieste, seremos semejantes a él, porque le veremos tal como él es.

1 Juan 3:1,2

En nuestro espíritu renacido, somos como Jesús es ahora mismo (1 Juan 4:17). Pero cuando Jesús regrese, seremos como Él en nuestras mentes y cuerpos.

Todo aquel que tiene esta esperanza en él, se purifica a sí mismo, así como él es puro.

1 Juan 3:3

Este tercer verso dice que cada persona que verdaderamente ha vuelto ha nacer tiene esta tendencia interna hacia la pureza. Posiblemente no estés cumpliendo muy bien con esa propensión–pero ahí está. El vivir bajo la ley y su mentalidad de comportamiento en realidad fortalecerá y le dará poder al cuerpo de pecado en tu vida. Pero si estás fuera del dominio de la ley, entonces:

> *El pecado no se enseñoreará de vosotros; pues no estáis bajo la ley, sino bajo la gracia.*
>
> Romanos 6:14

Conforme empiezas a verdaderamente entender la gracia–el Evangelio, el poder de Dios–ello romperá el dominio del pecado en tu vida y traerá los beneficios de la salvación. Si verdaderamente eres vuelto a nacer y entiendes la gracia, manifestarás santidad. En tu interior, desearás llevar a cabo tu tendencia hacia la pureza.

> Mientras tengas una mentalidad de comportamiento, no puedes experimentar intimidad con Dios.

Cualquiera que tome lo que estoy enseñando aquí y diga: "Bueno, entonces esto me libera para ir a vivir en pecado". Necesita ser vuelto a nacer. Si verdaderamente fueras vuelto a nacer, estarías tratando de purificarte a ti mismo así como Él es puro. A lo mejor no estás haciendo una buena labor debido a la falta de entendimiento, pero tú deseas vivir para Dios.

La mayoría de la gente cree que nuestro deseo es simplemente intrínsicamente malo. Eso es verdad para alguien que no ha vuelto a nacer, y también se puede aplicar a una persona vuelta a nacer cuya mente todavía no ha sido renovada. Su mente continuará funcionando, hasta que sea renovada, con la misma corrupción con la que fue programada desde antes. Pero si verdaderamente eres vuelto a nacer tienes una nueva propensión en tu interior. En la medida que te sometas y permitas que esa nueva naturaleza te domine, ésta empezará a purificar tus acciones. Es entonces cuando te darás cuenta–por experiencia personal–que el dominio del pecado ha sido quebrantado en tu vida.

¿Regalo o Paga?

La paga del pecado es muerte.

Romanos 6:23

La palabra paga se refiere al pago por algo. Cuando tienes una naturaleza de pecado, ésta produce–gana–muerte en tu vida. Esto no sólo se refiere a la muerte eterna y al estar separado de Dios por siempre en el infierno. Esto también incluye todos los efectos del pecado en esta vida presente–la depresión, la enfermedad, la pobreza, las dolencias, la cólera, la amargura, y la incredulidad, por nombrar algunos. Todo lo que es resultado del pecado es muerte y causa separación de Dios. El pecado produjo estos efectos negativos en nuestra vida.

> Mientras confié en mi propia santidad nunca tuve gozo.

La dádiva de Dios es vida eterna en Cristo Jesús Señor nuestro.

Romanos 6:23

La vida eterna es conocer a Dios (Juan 17:3). No es sólo el vivir por siempre, aunque eso es parte de ella. Pablo se refería a una relación íntima, cercana y personal con el Señor. Si tú verdaderamente entiendes la gracia –el don de Dios– entonces puedes experimentar intimidad con Él a través del Señor Jesucristo. Mientras tengas una mentalidad de comportamiento, no puedes experimentar intimidad con Dios. A pesar de lo bien que te comportes, siempre te vas a quedar corto. La vida eterna– intimidad con Él– ¡es un don!

Mi Vida Apartada

Muchas personas escuchan estas cosas que estoy diciendo y piensan que estoy totalmente equivocado porque han sido muy profundamente adoctrinados con una mentalidad de comportamiento. Ellos razonan: "De seguro este hombre está predicando esto para que pueda justificar un estilo de vida sin santidad. Es simplemente un medio para justificar su pecado. Está promoviendo el pecado".

¡Error! Yo puedo comprobarte por mi estilo de vida que no estoy promoviendo el pecado. Estoy viviendo más santamente que la mayoría de la gente que alguna vez podría criticarme. Nunca he tomado un trago de licor o fumado un cigarro en toda mi vida. Nunca he dicho maldiciones, y ni siquiera he probado el café en toda mi vida. Ahora bien no estoy diciendo que el café y el alcohol son lo mismo. Hay un verso bíblico en el que te puedes apoyar para beber café:

Si bebieren cosa mortífera no les hará daño.

Marcos 16:18

Hice una broma. Pero en serio, he vivido una vida súper santa. Estoy viviendo una vida muy apartada. No me malinterpretes, no estoy presumiendo de esto y por supuesto no lo uso como base de mi relación con Dios. Comparto esto para refutar a aquellos que me criticarán diciendo: "Tú estás enseñando gracia para que puedas promover un estilo de vida impía". No, la gracia no me ha obligado a ir a vivir en pecado.

Estoy viviendo más santamente que lo que mucha gente alguna vez ha pensado vivir. Sin embargo, puedo decirte que yo no tenía paz con Dios hasta que empecé a entender Su gracia. Estaba viviendo una vida muy santa, pero nunca tuve paz mientras mi fe estaba en mi comportamiento. Nunca tuve gozo mientras confié en mi propia santidad. El poder de Dios no fluía en mi vida. Aunque hubiera podido vivir mejor que otra persona por las opciones que tomé, aun así estaba por debajo del estándar perfecto de Dios. Debido a esto, nunca tuve valor o confianza. Pero una vez que empecé a entender que lo que yo recibía de parte de Dios era por gracia a través de la fe, entonces empecé a experimentar verdadera victoria en mi vida. Encontré una santidad que era infinitamente mayor que la mía.

Confiando En Su Justicia

Mientras confié en mi justicia, Satanás podía condenarme. Él diría "¡No eres digno!" y yo trataría de argumentarle que sí lo era. Independientemente de cuánto había yo hecho, él siempre ganaba la discusión. ¿Por qué? Porque siempre había algo en lo que estaba fallando y algo que no estaba haciendo.

> Una vez que comprendes lo limpio y puro que eres a través de Jesús, ya no querrás ir a vivir en pecado.

Pero ahora que he cambiado a recibir de Dios a través de la justicia de Jesús, Satanás ya nunca más gana esas discusiones. Cuándo él viene a mí y dice: "¡Tú no eres digno!" Simplemente lo acepto, y le contestó "Tienes razón. No soy digno. Así que pienso que lo obtendré a través de quien es Jesús. Voy a orar en el nombre de Jesús, y gracias a Su justicia y Su santidad, ¡espero recibir!"

Satanás no puede desacreditar la justicia de Dios. Él podía constantemente desacreditar la mía porque sólo era parcial y siempre limitada. Pero entonces empecé a confiar en la justicia de Dios–una justicia que vino como un regalo (Ro. 6:23). Conforme empecé a creer y a recibirlo como un regalo–recibir el Evangelio, las Buenas Nuevas– entonces el poder empezó a operar en mi vida.

El Evangelio es el poder de Dios, pero ¿significa esto simplemente que vayamos a vivir en pecado? ¡En ninguna manera! Eso no es lo que Pablo decía, y no es lo que yo estoy diciendo. Ahora tienes una naturaleza completamente nueva. Estás muerto al pecado. Y una vez que tu mente sea renovada y que verdaderamente entiendas el verdadero Evangelio, vas a vivir en mayor santidad sin proponértelo de lo que lo hiciste a propósito. Una vez que comprendes lo limpio y puro que eres a través de Jesús, ya no vas a querer ir a vivir en pecado. Es simplemente un asunto de sabiduría. ¿Por qué permitirle a Satanás una incursión en tu vida?

No quiero darle al diablo ningún disparo libre hacia mí. Por eso vivo una vida tan santa como me es posible. Eso limita sus incursiones en mi vida. Pero no confío en esa santidad para mi relación–posición correcta–con Dios. Confío en Su misericordia y gracia. A fin de cuentas es lo que me otorga favor con Él.

Está En Tu Espíritu

Me llevó más de veinte años aprender estas cosas que estoy compartiendo contigo. Estas verdades han revolucionado mi vida. Son unas de las cosas más profundas que alguien podría aprender.

Aunque eres vuelto a nacer, ¿estás batallando con depresión, desaliento, u otros problemas? Has recibido al Señor en tu corazón y sabes que eres salvo, pero no te has visto muerto al pecado, muerto a la enfermedad, y muerto a la pobreza. Todavía te ves a ti mismo como un pecador, enfermo y pobre.

Yo he cambiado. Ahora sé que no soy el pecador tratando de hacerse santo. Soy el justo a quien Satanás está tratando de hacer impío. No soy el enfermo tratando de sanarse. Soy el sano a quien el diablo está tratando de enfermar. No soy el pobre tratando de prosperar. Soy el hombre próspero a quien el enemigo está tratando de empobrecer. Éstas son una actitud y mentalidad totalmente diferentes. Pero he visto que es mucho más fácil pelear desde una posición de victoria que pelear para obtener una posición de victoria. Es infinitamente más fácil liberar algo que ya tengo que tratar de obtener algo que no tengo.

Estás dirigiéndote a la derrota si estás orando: "Soy tan impío y tan indigno, pero con la ayuda de Dios creo que puedo llegar a la justicia". Podrías mejorar tus acciones pero no puedes obtener eso. Tienes que decir: "Soy tan impío, tan incapaz que no me puedo salvar a mí mismo. Simplemente lo recibo como un regalo. Por Jesús, ahora soy justo a través de Él. Voy a caminar en justicia, pero no porque sea algo que estoy tratando de alcanzar. Es algo que estoy liberando. Estoy liberando la justicia que ya está en mi espíritu renacido".

> Estoy peleando desde una posición de victoria, no tratando de obtenerla.

Hay duda en la mentalidad que dice: "Todavía no lo tengo, entonces voy a tratar de obtenerlo". Estás empezando desde una posición de derrota cuando dices: "Estoy enfermo ahora mismo, pero voy a buscar a Dios y voy a ser sano". No, la verdad es: "En Jesús ya soy sano. En mi espíritu renacido, ya estoy bien. Tengo el mismo poder que resucitó a Jesucristo de los muertos viviendo dentro de mí. (Ro. 8:11). Estoy muerto a la enfermedad y a las dolencias. Soy sano. Está en mi espíritu".

Renovar, Desatar y Experimentar

¿Niego que mi carne a veces se enferme y que otras cosas la ataquen? No, no estoy negando que esas cosas existen. Algunas veces mi cuerpo duele, pero le niego derechos o habilidad para dominarme. Sé que en mi espíritu estoy muerto a esas cosas. He resucitado con Cristo. De la misma forma como Él está más allá de la enfermedad, las dolencias, la pobreza, y la depresión así está mi espíritu renacido.

Estoy en el proceso de renovar mi mente para que pueda pensar como Cristo. Me armo a mí mismo con este mismo pensamiento (1 P. 4:1); dejo que este pensamiento esté en mí, el cual estuvo en Jesucristo. (Fil. 2:5). Me considero estar muerto al pecado, pero vivo para Dios a través de Jesucristo mi Señor (Ro. 6:11). Estoy peleando desde una posición de victoria, no tratando de obtener una. Mi espíritu renacido está tan cambiado como siempre estará por la eternidad. El resto de la vida Cristiana se resume en renovar mi mente para lo que ya es una realidad en mi espíritu.

El dominio del pecado sobre ti ha sido quebrantado. Ahora estás muerto al pecado y vivo para Dios. Conforme renueves tu mente a esta verdad, empezarás a experimentarla en tu vida diaria.

CAPÍTULO 11

Tú Eres Lo Que Piensas

Aunque romanos 7 contiene algunas citas muy conocidas de las Escrituras, usualmente son malinterpretadas. Debido a esto, la mayoría de la gente ya tiene una forma de pensar y un prejuicio sobre lo que estos versos verdaderamente dicen. Sin embargo, a menudo hay un mundo de diferencia entre lo que estos versos dicen y lo que la gente piensa. Por lo tanto te invito a que abras tu corazón al Señor para que Él pueda ministrarte estas verdades de Su Palabra.

Lo que hago, no lo entiendo; pues no hago lo que quiero, sino lo que aborrezco, eso hago. Y si lo que no quiero, esto hago, apruebo que la ley es buena. De manera que ya no soy yo quien hace aquello, sino el pecado que mora en mí. Y yo sé que en mí, esto es, (en mi carne), no mora el bien; porque el querer el bien está en mí, pero no el hacerlo. Porque no hago el bien que quiero, sino el mal que no quiero, eso hago. Y si hago lo que no quiero, ya no lo hago yo, sino el pecado que mora en mí. Así que, queriendo yo hacer el bien, hallo esta ley: que el mal está en mí. Porque según el hombre interior, me deleito en la ley de Dios; pero veo otra ley en mis miembros, que se rebela contra la ley de mi mente, y que me lleva cautivo a la ley del pecado que está en mis miembros. ¡Miserable de mí! ¿quién me librará de este cuerpo de muerte? Gracias doy a Dios, por Jesucristo Señor nuestro.

Romanos 7:15-25

Hay con frecuencia tres reacciones principales a estos versos:

¿Qué diantre significa esto?

La frustración es normal en la vida Cristiana.

Pablo se estaba describiendo a sí mismo antes de ser vuelto a nacer.

La Vida Imposible

Algunas personas leen Romanos 7 y se preguntan: "*¿De qué diantre estaba hablando Pablo?*" Sin embargo, la mayoría de la gente interpreta estos versos y dicen: "La frustración es normal en la vida Cristiana". Ellos razonan: "El Apóstol Pablo–el hombre que Dios usó para escribir más de la mitad del Nuevo Testamento–fue utilizado poderosamente por Dios. Él escribió esto como un creyente maduro después de haber seguido a Jesús por revelación del Espíritu por muchos años. Por lo tanto, si él expresó tal frustración en su caminar Cristiano, entonces no deberíamos esperar que nuestra experiencia sea mejor. No importa cuánto madures en tu relación con Jesús, la frustración es normal para el creyente. Hay una parte de ti que es mala y una parte de ti que es buena. Algunas veces eres bueno y algunas veces eres malo. Siempre tendrás esta frustración de hacer lo que no quieres hacer y de no ser capaz de hacer el bien que sí quieres hacer. Somos exactamente como Pablo. Queremos hacer lo bueno, pero eso simplemente no está en nosotros. Es un hecho de la vida, así que aguántate y vive así. ¡Adáptate!"

Algunas personas interpretan estos versos como si Pablo estuviera describiendo su vida antes de que fuera vuelto a nacer. Ellos razonan: "Bueno, éste no puede ser el mismo hombre a quien el Señor usó para escribir la mayor parte del Nuevo

> ¡La vida cristiana no sólo es difícil de vivir —es imposible!

Testamento, hacer milagros extraordinarios, fundar iglesias, y enderezar al mundo. No pudo haber estado hablando de sí mismo y de cómo era su vida Cristiana. Entonces él debe de haber estado hablando de antes de que fuera vuelto a nacer, confesando: '¡Miserable de mí!'" (v.24).

De estas tres reacciones principales a estos versos bíblicos, ninguna es correcta. Pablo no estaba diciendo que la frustración es una parte normal de la vida Cristiana. Él tampoco se estaba refiriendo a la etapa anterior a su nuevo nacimiento. Él estaba describiendo la total imposibilidad de tener éxito en la vida Cristiana a través del poder de la voluntad. Pablo estaba contrastando la habilidad natural humana (Ro.7) con la intervención y el poder del Espíritu Santo (Ro.8).

Observa cómo la palabra "espíritu" se menciona sólo una vez en todo el capítulo 7 de Romanos. Pero en el Capítulo 8 (que trataremos más adelante) se menciona veintiuna veces. ¡Qué contraste tan extraordinario!

Romanos 7 muestra la imposibilidad de vivir para Dios. La mayoría de la gente no entiende esto. Ellos piensan que cuando eres vuelto a nacer, Dios te perdona, y luego te levanta, te da cuerda, te manda en la dirección correcta, y dice: "Ahora vamos a ver si lo puedes hacer correctamente esta vez". Ellos cantan canciones de cómo Dios les ha dado un nuevo comienzo y otra oportunidad. Sin embargo, esto no es verdaderamente descriptivo de la vida Cristiana. Si lo fuera, fallarías la segunda vez tanto como fallaste la primera. Eso no es victoria. Eso no es verdadero gozo. Eso no es verdadera libertad y liberación. La vida Cristiana no es el hecho de que tú recibas otra oportunidad y que ahora "vayas a vivir para Dios".

Una Vida Intercambiada

> No hay suficientes Cristianos que hayan experimentado alguna vez la vida consistente de Jesús viviendo a través de ellos.

La vida cristiana no sólo es difícil de vivir–¡es imposible! Es humanamente imposible amar a tu prójimo como a ti mismo. Sin embargo vas a escuchar a la gente que dice: "Bueno, Dios me ordenó que lo hiciera, así que estoy tratando". Cuando alguien te escupe o te da una cachetada, es imposible en nuestra *naturaleza humana* el voltear la otra mejilla. No lo puedes hacer en tu carne. No tienes la habilidad natural para orar por los que te ultrajan y te persiguen y voltearte a bendecirlos y hacerles bien (Mat. 5:44). No tienes la habilidad de darle a alguien la capa cuando te acaba de quitar la túnica en la corte, (Mat. 5:40). No lo puedes hacer. Tu carne tiene que ser crucificada para que Cristo pueda vivir a través de ti (Gá. 2:20).

La vida Cristiana no es una vida *cambiada*, sino una vida que fue *intercambiada*. No es que Dios viene a ti y ahora tienes la habilidad de vivir para Él. Tienes que aprender a negarte a ti mismo totalmente, a no tener confianza en la carne, y a llegar a ser constantemente más dependiente de Él. Por ejemplo en vez de rechinar los dientes y tratar en tu carne de decir: "¡Voy a amar a esta persona!" tú vas a orar: "Padre, decido negarme a mí mismo. Tú ámalos a través de mí". Entonces sólo relájate y deja que el amor de Dios fluya fuera de ti. En vez de decir: "Bueno, nunca voy a estar desanimado o deprimido otra vez," vas a ir al Señor y orar: "Padre, esta persona me lastimó, pero yo te alabo porque Tú me amas. Yo opto por meditar en esto y dejo que Tu amor fluya a través de mí hacia ellos". Sólo permite que Jesús empiece a vivir a través de ti.

No hay suficientes Cristianos que hayan experimentado alguna vez la vida consistente de Jesús viviendo a través de ellos. Muchos creyentes están ocupados tratando de vivir para Él. ¿Eso te describe a ti? Tú haces lo mejor que puedes hasta que llegas al fin de tu capacidad humana y entonces gritas: "¡Dios, ayúdame!" ¡Error! Por eso la gente se mete en tantos problemas. Eso no es lo que debemos hacer.

No se trata de que lo hagas a tu manera y después ores: "Dios, por favor bendice este esfuerzo. Te lo quiero dedicar". Ésa es la actitud equivocada. Deberías decir: "Padre, ¿Cuál es Tu voluntad para mí? ¿Cuál es Tu plan? Yo no tengo ningún plan, ningún proyecto personal. Estoy dispuesto a ser un barredor de calles, excavar agujeros, o ser un misionero en alguna tierra lejana. Padre, aceptaré lo que sea Tu voluntad–aquí estoy". Cuando tú alcances ese nivel de entrega a Él, Él te dirá

> Estás tratando de vivir para Dios, pero eres tú el que lo está haciendo en tu fuerza humana en vez de que Dios viva a través de ti.

lo que quiere que hagas. Entonces, conforme haces lo que Dios te pide que hagas, no serás tú el que lo haga sino el Señor a través de ti. Nunca vas a tener que pedirle que bendiga tu esfuerzo, si simplemente estás haciendo lo que te ordenó que hicieras.

Pero estamos ocupados haciendo nuestras propias cosas, viviendo nuestra propia vida en nuestro propio poder. Estamos por ahí viviendo en la lujuria de la carne–comprando cosas por impulso y llenándonos de deudas. Entonces trabajamos como esclavos, estresados al máximo, con los acreedores rondándonos como buitres.

Después de que hemos hecho todas estas cosas hay presión, presión, presión. Entonces vamos con el Señor y decimos: "Hay Dios mío, necesito Tu paz". El problema es, que no vas a tener paz viviendo un estilo de vida que va totalmente en contra de todo lo que Dios dice. No puedes simplemente sembrar pura mala semilla en tu jardín y entonces, cuando ves las hierbas malas crecer, orar: "Dios, te estoy pidiendo un milagro–¡transforma esas hierbas malas en maíz!" No funciona de esta manera.

Débil en Él

Aunque culpamos al diablo por muchas cosas, la verdad es que él origina muy poco de lo que sucede en nuestras vidas. Por supuesto, Satanás está involucrado en todo lo negativo. Pero todo lo que tiene que hacer es tentarte y tú arruinarás tu propia vida. Muchos Cristianos están haciendo "guerra espiritual," atando al diablo, reprendiendo esto y reprendiendo aquello. Sin embargo el hecho es que tú sólo estás cosechando lo que has sembrado.

Muchos creyentes no han visto al diablo o a un demonio en años. Él no tiene que venir por aquí. Tú estás haciendo una muy buena labor arruinando tu vida. Él te enseño cómo pensar y cómo actuar y tú has continuado así a partir de ahí–con buenas intenciones. Estás tratando de vivir para Dios, pero eres tú el que lo está haciendo con fuerza humana en vez de que Dios viva a través de ti.

Eso es lo que Pablo nos estaba mostrando en romanos 7. Con sólo su propio esfuerzo, él no podía vivir de la forma que quería. En tu carne–tu estado humano, natural–tú no puedes vivir una vida perfecta. Se ha dicho que *Cristiano* significa "Cristo pequeño". ¿Cómo puedes ser un Cristo pequeño en tu carne. No puedes. No puedes vivir como Jesús. Tienes que venir a Él, pedirle que viva en y a través de ti, y entonces aprender a negarte a ti mismo.

Una vez le hablé a una mujer por teléfono y le pregunté:

"¿Cómo estás?" Ella contestó: "Soy débil en Él". Primero me pregunté: *"Bueno, ¿qué significa eso?"* Pero después de que colgó y pensé sobre esto un poco más, pensé, *"¡Eso está muy bien!"* Ella estaba diciendo: "Estoy aprendiendo a no confiar en mí misma, sino a reconocer mi debilidad y permitir que Él viva a través de mí". En vez de hacer su voluntad y

> Muchos Cristianos todavía se ven a sí mismos como a pecadores salvos por gracia.

después buscar a Dios sólo cuando se mete en problemas, ella estaba aprendiendo a negarse a sí misma y a sólo hacer lo que ella sentía que Dios la estaba guiando a hacer. Eso es lo que Pablo describió en Romanos 7 y 8.

Cambia Tu Forma De Pensar, Cambia Tu vida

Regresemos al principio de Romanos 7. Pablo había estado tratando el tema del Evangelio–cómo Dios nos ama independientemente de nuestro comportamiento. Había usado los primeros cinco capítulos para establecer este tema. Abraham y David eran ejemplos del Antiguo Testamento. El pecado del pasado, presente, y aun tiempo futuro, todo había sido perdonado. (Ro. 4:7-8). Por lo tanto, el pecado ya no era el problema.

Eso planteó la pregunta: "Bueno, ¿Entonces qué estás diciendo? ¿Esto significa que puedo ir a vivir en pecado?" ¡En ninguna manera! (Ro. 6:2). "¿Por qué no?" Ya no es tu naturaleza el pecar y tú no quieres abrirle una puerta al diablo en tu vida.

Muchos Cristianos todavía se ven a sí mismos como pecadores salvos por gracia. Si el concepto que tienes de ti mismo es el de un pecador perdonado, pero aún corrupto, entonces no puedes comportarte con consistencia en forma contraria a como te ves a ti mismo en tu corazón. Tú actúas de la forma como piensas de ti mismo en tu corazón. (Prov.23:7).

Si te ves a ti mismo como a un perdedor, con el tiempo serás un perdedor. A lo mejor conoces versos que describen cómo Jesús se hizo pobre para que tú fueras enriquecido (2Cor. 8:9; 9:8). A lo mejor estás consciente de ciertos conocimientos específicos sobre la prosperidad, pero si te ves a ti mismo pobre, serás pobre.

> **Puedes ver lo que has estado pensando por lo que estás cosechando.**

Las estadísticas muestran con consistencia que la enorme mayoría de los que ganan la lotería pronto terminan en la misma situación en la que estaban–o peor. ¿Por qué? No cambiaron su forma de pensar. No establecieron una imagen de riqueza de ellos mismos en su corazón. Por lo tanto, lo que haya causado que estuvieran en la situación financiera en la que estaban antes de que ganaran la lotería–si se deja sin cambiar–vuelve a surgir y los vuelve a traer al mismo lugar en el que estaban antes. A menos de que cambies tu forma de pensar, te quedarás como estás.

El Jardín de Tu Corazón

Tú eres–ahora mismo– lo que has pensado. Si eres pobre, has estado pensando en pobreza. Si estás enfermo, has estado pensando en enfermedad. Si estás deprimido, has estado pensando en depresión. Si estás enojado y amargado, has estado pensando en enojo y amargura. Los pensamientos son semillas que arraigan en el jardín de tu corazón y se manifiestan a través del tiempo en tu vida.

> *El ocuparse de la carne es muerte, pero el ocuparse del Espíritu es vida y paz.*
>
> Romanos 8:6

La mentalidad carnal es muerte. No sólo tiende hacia la muerte. No es una de las causas principales o de los factores contribuyentes hacia la muerte. La mentalidad carnal es igual a la muerte.

Pero la mentalidad espiritual es vida y paz. No sólo tiende hacia la vida. No es una de las causas principales o de los factores contribuyentes de la paz. La mentalidad espiritual es igual a la vida y la paz.

Tú puedes ver lo que has estado pensando por lo que estás cosechando. Si no estás cosechando vida y paz, entonces no has estado pensando espiritualmente (o de acuerdo con la Palabra).

No es popular en el ambiente de la política el ser autoritario y dogmático sobre cualquier cosa en nuestra sociedad hoy en día. Sin embargo, la Palabra de Dios claramente revela que tú eres lo que has estado pensando.

> Hemos sido condicionados a ser de cierta forma.

No Eres una Víctima

Si no estas prosperando y teniendo éxito, entonces es porque has perdido la batalla en tu mente. No son las circunstancias. Tú no eres la víctima. Hoy en día "una persona con mentalidad de víctima" se queja: "¡No es mi culpa!" Es la sociedad. Yo no tuve suficiente educación. Es el sistema de ayuda social. Vengo de una familia desintegrada. Deberían darme más dinero. Si ellos (cualquiera y todos los demás) me trataran mejor ¡las cosas estarían bien!"

Todos tuvimos una familia desintegrada. Sin embargo algunas personas con una forma de pensar errónea ponen pretextos como: "No me dieron un perrito cuando era un niño. Esa es la razón por la que violé, maté, y robé. No me dieron lo que quería en mi cumpleaños. ¡Es la culpa de mis papás!"

No asumimos nuestra responsabilidad ni controlamos nuestras emociones. Entonces decimos: "Es un desequilibrio químico. Mis hormonas hacen que actúe como el diablo uno o dos días al mes". Le echamos la culpa a cualquier cosa y a todo.

Hace treinta años la mayoría de los varones no tenían una crisis de la edad madura porque no sabían nada sobre esto. Pero hoy, nos hemos educado tanto al respecto que parece que todo mundo atraviesa por una.

Una de las razones por la que Eva y Adán vivieron hasta los 930 años de edad es porque ellos no sabían que había una "temporada de catarros". Nadie los había "educado" sobre los diez síntomas de un ataque al corazón. Nadie les dijo que a los treinta años ya están "del otro lado de la montaña". Nadie les dio globos negros y plantó estas semillas de muerte en ellos cuando cumplieron 40. No sabían como ser víctimas. Nunca habían visto a nadie morir. Su hijo había sido asesinado, pero ellos no sabían cómo morir. No sabían cómo actuar mal, por lo tanto vivieron 930 años. Hemos sido condicionados a ser de cierta forma.

Espíritu Santo de Pared a Pared

Si te ves como a un "hombre viejo," eso te va a matar. Si te ves como a un pecador–perdonado, salvo por gracia, pero todavía un pecador por naturaleza–actuarás de esa forma. Si no entiendes quién eres verdaderamente en Cristo, no vas a experimentar Su vida y Su paz.

¿Recuerda esa canción (no basada en el Evangelio) que mencioné antes que dice: "Sólo soy un humano, sólo soy un hombre…Un día a la vez, querido Jesús, es todo que estoy pidiendo de ti"? Ese tipo de canción te matará. No soy sólo humano(a). No soy sólo un hombre o sólo una mujer. Una tercera parte de mí es Espíritu Santo de pared a pared. Una tercera parte de mí ya ha sido renovada. ¡Soy una nueva criatura!

Como él [Jesús] *es, así somos nosotros en este mundo.*

1 Juan 4:17

Soy idéntico a Jesús en mi espíritu renacido porque es el Espíritu del Señor Jesucristo que ha sido mandado a mi corazón, clamando "¡Abba, Padre!"

Y si alguno no tiene el Espíritu de Cristo, no es de él.

Romanos 8:9

Tú no eres vuelto a nacer si no tienes el espíritu de Cristo en ti. Si tú tienes el espíritu de Cristo en ti, entonces ya no eres más un viejo hombre. Tu cuerpo y tu alma se quedaron igual, pero el centro de tu ser–el verdadero tú–es totalmente nuevo. Eres una nueva criatura. Las cosas viejas han pasado. Todas las cosas son hechas nuevas. (2 Co.5:17).

> Las presiones te derriten, pero tú escoges en qué molde encajarás.

Tú debes reconocer que estás muerto. La vieja naturaleza de pecado que te llevaba y empujaba en dirección del pecado está muerta. No existe. Es la computadora entre tus orejas que tu viejo hombre programó la que hace que continúes actuando de esa manera. Y lo hará hasta que la reprogrames a través de la renovación de tu mente.

Es Tu Elección

Así que, hermanos, os ruego por las misericordias de Dios, que presentéis vuestros cuerpos en sacrificio vivo, santo, agradable a Dios, que es vuestro culto racional. No os conforméis a este siglo, sino transformaos por medio de la renovación de vuestro entendimiento, para que comprobéis cuál sea la buena voluntad de Dios, agradable y perfecta.

Romanos 12:1-2

Mi definición de *conformar* es "vaciar en el molde". Las presiones de esta vida te van a derretir, pero tú vas a encajar en el molde que escojas. Depende de tu elección lo que esas presiones te van a hacer a ti. No es tu formación, o tus problemas. No son las situaciones terribles las que te han hecho ser como eres. Si eso fuera verdad, entonces todos los que han tenido los mismos problemas que tú has tenido tendrían los mismos resultados negativos. Pero no es verdad. Algunas personas que crecen con alcoholismo en sus casas se convierten en alcohólicos y otros se convierten en abstemios. Las presiones te derriten, pero tú escoges en qué molde encajarás.

No seas vaciado en el molde de este mundo: "sino transformaos".

Transformar significa "cambiar," como una metamorfosis.[1] ¿Qué haces para cambiar como una oruga que se convierte en mariposa? "Por medio de la renovación de vuestro entendimiento" (Ro. 12:2).

Tu espíritu renacido ya ha cambiado. En tu espíritu eres tan perfecto cómo siempre lo serás. Lo único que te está impidiendo que puedas experimentar la vida de Dios dentro de ti es tu intelecto. Como piensas, así serás. Puedes tener la vida de Dios dentro de ti y nunca experimentarla porque tu cabeza lo impide. Tu mente sin renovar te impide que disfrutes la paz, gozo, y la liberación de Dios.

Si alguna vez te dieras cuenta de quién eres en Cristo, vivirías más en mayor santidad sin proponértelo de lo que lo has hecho a propósito. Tienes que entender que eres una nueva criatura. No es tu naturaleza el pecar. La naturaleza de un Cristiano es el ser santo. Dios ha cambiado tu "querer".

En tu espíritu, eres completo. Pero también tienes un cuerpo y un alma. Si te rindes a Satanás, él vendrá a tu esfera emocional, mental y física para destruirte. No le permitas al enemigo incursiones de pecado, enfermedad, pobreza, o cualquier otra cosa. ¡Renueva tu mente y mantén la puerta cerrada a Satanás!

CAPÍTULO 12

Tu Nuevo Esposo

Después de haber establecido todos los temas mencionados antes, Pablo empezó a hablarle a los Cristianos que habían estado bajo la vieja ley Judía. Estaban muy conscientes del estándar de Dios acerca del comportamiento y del juicio sobre el pecado.

> *¿Acaso ignoráis, hermanos (pues hablo con los que conocen la ley), que la ley se enseñorea del hombre entre tanto que éste vive? Porque la mujer casada está sujeta por la ley al marido mientras éste vive; pero si el marido muere, ella queda libre de la ley del marido. Así que, si en vida del marido se uniere a otro varón, será llamada adúltera; pero si su marido muriere, es libre de esa ley, de tal manera que si se uniere a otro marido, no será adúltera.*
>
> Romanos 7:1-3

Pablo estaba haciendo una comparación con el ámbito natural. Es una parábola, como aquellas con las que Jesús enseñó.

En estos versos Pablo estaba comparando nuestra vieja naturaleza y nuestra nueva naturaleza renacida. Una vez que una pareja se casa, ninguno de los cónyuges puede flaquear y tener una relación íntima con otra persona. La persona está atada–por ley–a esa pareja. ¿Cómo se pueden deshacer de esto? Aunque algunas personas piensan que simplemente pueden obtener un divorcio el único medio basado en las escrituras por el cual una persona puede librarse de la ley del matrimonio es por la muerte del cónyuge. Si un cónyuge muere, entonces la relación de matrimonio ha terminado y el otro queda libre para casarse otra vez. Éste es el asunto que Pablo estaba estableciendo.

¿Sientes el Espíritu?

Así también vosotros, hermanos míos, habéis muerto a la ley mediante el cuerpo de Cristo, para que seáis de otro, del que resucitó de los muertos, a fin de que llevemos fruto para Dios.

Romanos 7:4

> Siempre que tu alma se ponga de acuerdo y se una al gozo de tu espíritu, tú alabarás a Dios.

Me gustaría tomar un momento y explicar esta comparación. Tú estás hecho de un espíritu, un alma, y un cuerpo. El cuerpo es lo que ves en el espejo. Tu alma es tu intelecto, tus emociones, tu voluntad, y tu personalidad. La mayoría de la gente piensa que el alma es tu verdadero tú. No están conscientes del hombre interior–el espíritu. Ellos no saben que el espíritu existe. O si lo reconocen intelectualmente, ellos nunca–por lo que se refiere a la experiencia–son capaces de discernir qué es el espíritu y qué es la carne (cuerpo y alma).

Respondió Jesús...Lo que es nacido de la carne, carne es; y lo que es nacido del Espíritu, espíritu es.

Juan 3:5,6

En otras palabras, no puedes "sentir al espíritu". Usamos esa terminología, pero estrictamente hablando, tú no puedes sentir al espíritu físicamente. Lo que sientes son los efectos de que tu alma entre en un estado de fe.

Por ejemplo, si yo tuviera que hablarte de las promesas de Dios, del hecho de que Él está aquí, y de que sus ángeles te están rodeando ahora mismo, tú empezarías a sentir la presencia del Señor. Algunas veces puedes realmente sentir que la piel se te pone de gallina y otras sensaciones, pero tú no estás sintiendo al espíritu. Estás sintiendo el efecto de tu fe. El espíritu no puede ser sentido.

Estrictamente hablando, tampoco puedes "danzar en el espíritu". Si el espíritu te controlara y te poseyera, danzarías mejor de lo que lo haces. No danzaríamos nuestro bailecito carismático paso doble. ¿Estoy diciendo: "Estás en la carne"? No, no en el sentido de que sea carnal o malo. Más bien es como en el caso de María, que dijo:

> *Engrandece mi alma al Señor; Y mi espíritu se regocija en Dios mi Salvador.*
>
> Lucas 1:46,47

En el Espíritu

Tu espíritu siempre se está regocijando. Siempre está alabando a Dios. Nunca está deprimido o derrotado. Y cada vez que tu alma se entone con esto, tú puedes bailar y no es inadecuado. Cada vez que tu alma se ponga de acuerdo y se una al gozo de tu espíritu, tú alabarás a Dios. No tiene nada de malo que alabes a Dios, pero eres tú–tu cuerpo, tu alma, y tu espíritu–el que está bailando, gritando, y alabando al Señor.

Algunas personas piensan que el hablar en lenguas significa que el Espíritu Santo simplemente te controla y habla a través de ti. No es así. La Palabra de Dios dice que "…Comenzaron a hablar en otras lenguas, según el Espíritu les daba que hablasen" (Hechos 2:4).

Es como cuando Dios habla a través de mí cuando predico. Él inspira lo que digo, pero yo soy el que lo dice. Él le habla a la gente a través de las palabras que digo, pero si yo me levantara enfrente de una audiencia y orara: "Dios mío, toma mi boca y no me dejes decir una palabra que proceda de mí," y luego esperara hasta que Él me "hiciera" hablar, nada sucedería. Dios no hace eso. Es Andrew Wommack el que está hablando pero el Espíritu Santo da la inspiración.

> **Cuando haces lo que la Palabra de Dios dice, estás en el espíritu.**

El Espíritu Santo no te "hace" bailar. Él no va a agarrarte y a llevarte de un lado al otro del pasillo. Si estás esperando que Dios haga esto, no sucederá. Debes darte cuenta que tu espíritu está saltando de arriba abajo en tu interior y tú debes–por fe–decidir saltar de arriba abajo en el exterior un poco también. Eso es "estar en el espíritu", pero no es el Espíritu el que te está controlando.

Algunas personas están esperando que el Espíritu Santo simplemente les haga levantar sus manos en el aire porque nunca antes lo han hecho. "Bueno, yo simplemente no me siento guiado a hacerlo". ¡No seas tan carnal! La Biblia dice: "Alzad vuestras manos al santuario" (Salmo 134:2). Cuando haces lo que la Palabra de Dios dice, estás en el espíritu. Puesto que tu espíritu siempre está alabando a Dios, siempre es correcto que levantes las manos para adorarlo. No tienes que esperar a que el Espíritu Santo te agarre y te haga hacerlo.

Tampoco esperas a que el Espíritu Santo te haga hablar en lenguas. Tú hablas en lenguas y el Espíritu Santo te da lo que vas a declarar. Es tu espíritu el que ora, no el Espíritu Santo. (1Cor. 14:14). Él inspira a tu espíritu, pero tú eres el que hace la oración.

El Tirano Ha Muerto

Tu personalidad–lo que llamas "el verdadero Tú"– es tu alma. En la comparación de Pablo (Ro. 7:1-4), esa personalidad es la mujer en el matrimonio. La razón por la que tu personalidad hacía las cosas que hacía antes de que fueras vuelto a nacer era porque estaba casada con el viejo hombre corrupto–tu naturaleza de pecado.

Esta naturaleza de pecado era la naturaleza del diablo (Efesios 2:1-3). *"Éramos por naturaleza hijos de ira"* (v.3). Naciste en este mundo con un espíritu muerto–un viejo hombre–una naturaleza que estaba en contra de Dios. Tu personalidad–tu alma–estaba casada con esta vieja naturaleza, que te dominaba y controlaba. Tu mente, voluntad, y tus emociones estaban casadas con esta vieja naturaleza y no podías divorciarte. Igual que para una pareja en matrimonio, no había salida, sólo por la muerte. Pero este viejo hombre no quería morir–¡y era un tirano!

> Dios no podía darte una naturaleza nueva mientras tu viejo hombre estuviera vivo.

¿Entonces cómo te liberaste? Cuando Jesús vino y murió por ti, Él tomó a tu viejo hombre–tu naturaleza de pecado–en sí mismo.

LA GRACIA, EL PODER DEL EVANGELIO

¿O no sabéis que todos los que hemos sido bautizados en Cristo Jesús, hemos sido bautizados en su muerte?

Romanos 6:3

Estás muerto en Él.

Con Cristo estoy juntamente crucificado, y ya no vivo yo, mas vive Cristo en mí.

Gálatas 2:20

Tu viejo hombre murió con Cristo. De alguna manera, Jesús fue capaz de tomar tu pecado–no sólo tus pecados individuales, sino tu naturaleza de pecado, tu viejo hombre. Jesús literalmente tomó tu naturaleza de pecado sobre Él mismo cuando murió. Ahora tu naturaleza de pecado está muerta. Se ha ido–ya no existe.

Casado con la Nueva Naturaleza

Esto te liberó para que pudieras casarte con alguien más: "Para que seáis de otro, del que resucitó de los muertos" (Ro. 7:4). Aunque es verdad que somos la novia de Cristo y estamos casados con Él, en su contexto esto se está refiriendo a nuestra personalidad–nuestra alma–que está casada con nuestra nueva naturaleza–nuestro espíritu renacido. A través de Jesús, esa vieja naturaleza con la que estabas casado murió, y ahora tienes una naturaleza resucitada y completamente nueva dentro de ti con la que estas casado. Esta naturaleza nueva puede ser tu amo ahora de la misma forma que tu vieja naturaleza lo era. Esto es de lo que Pablo hablaba.

Sin embargo, la mayoría de los Cristianos no entienden esto. Todavía se sienten casados con su vieja naturaleza. Han pervertido esto tanto que creen que tenemos una naturaleza renacida y una vieja naturaleza de pecado, ambas viviendo dentro de nosotros al mismo tiempo. Nos vemos a nosotros mismos como esquizofrénicos, y eso no es verdad. Sería bigamia si nosotros estuviéramos casados con ambas, con una vieja y con una nueva naturaleza al mismo tiempo. ¡Eso no puede suceder!

Dios no podría darte una nueva naturaleza (esposo) mientras tu viejo hombre estaba vivo. Entonces, ¿Qué hizo? Él hizo un camino, a través de Su hijo Jesús, para que el viejo hombre muriera; Pablo lo describió en Romanos 6:3 y Gálatas 2:20. La vieja naturaleza está muerta y se ha ido. Ahora estás casado con un nuevo hombre. Ya no tienes una

> No puedes ser coherente actuando de forma contraria a como te ves a ti mismo.

naturaleza dual. A lo mejor todavía sientas los efectos de la vieja naturaleza en ti porque te enseñó a pensar y actuar. (Y recuerda, tú seguirás pensando y actuando como él–aunque ya se haya ido–hasta que renueves tu mente). Pero la verdad es que ¡tienes un nuevo esposo!

Piensa en alguien que ha estado casado con un tirano. Éste era odioso e hizo cosas terribles a su esposa. Después murió y la esposa se volvió a casar. Ella va a tener los mismos patrones de pensamiento y las mismas acciones con su nuevo esposo que con el anterior. Hasta que renueve su mente, ella esperará que esta nueva pareja la trate de la misma forma como la trató su pareja anterior.

He tratado con muchas gentes que están destruyendo su segundo y tercer matrimonio por relaciones anteriores. No pueden renovar su mente en relación a su nuevo cónyuge. En la relación sexual, traen los viejos hábitos a un matrimonio que ha sido renacido y ocasionan muchos problemas. Aunque el viejo cónyuge se ha ido, todavía retienen el conocimiento de lo que sucedió–y afecta a su relación actual.

¡Emancipado!

Así es con nosotros. Nuestro viejo hombre se ha ido. Una parte de ti ya no es el diablo. Esa parte está muerta y se ha ido. Pero tú todavía tienes una mente que recuerda toda esa basura. Puesto que la mayoría de nosotros no entiende que el viejo hombre se ha ido y que estamos casados con un nuevo esposo, vemos que todavía tenemos esos pensamientos y suponemos que todavía somos la misma vieja persona. Pensamos que aún hay una parte de nosotros que tiene tendencia a hacer lo malo y nos identificamos con ella.

> Hemos sido liberados del pecado pero muchos de nosotros no somos libres porque no sabemos lo que sucedió.

No puedes ser coherente actuando de forma contraria a como te ves a ti mismo. (Pr. 23:7). ¿Cómo te ves a ti mismo? Así es como vas a ser. ¿Te ves a ti mismo como a un perdedor que está tratando de ganar? Vas a perder. ¿Te ves a ti mismo como a un ganador al que Satanás está tratando de hacer que pierda? Ganarás. ¡Hay una diferencia enorme! ¿Te ves a ti mismo como al enfermo que está tratando de creerle a Dios para conseguir su sanidad? Estarás enfermo. ¿Te ves a ti mismo como el sano al que Satanás está tratando de robarle su salud? Estarás sano. ¿Te ves a ti mismo como el pobre que está tratando de prosperar? Vas a ser pobre. ¿Te ves a ti mismo como la persona próspera—ya hecho a través de Jesucristo—al que el diablo está tratando de estorbar? Vas a prosperar. Tienes que obtenerlo en tu interior antes de que lo obtengas en el exterior. Todo lo que recibes de Dios primero viene al interior.

Necesitas reconocer que estás muerto a este viejo hombre. Se fue. Ya no estás esclavizado—así que deja de actuar como si lo estuvieras. Imagínate a una mujer a la que su esposo nunca la dejaba ir a la Iglesia, nunca la dejaba gastar dinero, y nunca la dejaba salir de la casa. Él sólo la dominaba y la controlaba. Entonces un día él muere y ella se vuelve a casar con otro señor. Aunque este nuevo esposo es lo mejor que ella hubiera podido esperar, si ella no renueva su mente, ella continuará actuando como si estuviera atrapada. Razonará: "Ya sé que mi esposo no me va a dejar ir a la iglesia. No puedo gastar nada de dinero. ¡Sólo me queda encerrarme en esta casa todo el tiempo!" vivirá en esclavitud–aunque sea libre–hasta que cambie sus patrones de pensamiento para hacerlos acordes con su nuevo hombre.

Ya vimos cómo el Presidente Lincoln liberó a los esclavos en América cuando promulgó la Proclama de Emancipación y cómo es un hecho documentado que muchos siguieron viviendo en esclavitud. Sus amos no les mostraron la Proclama y ellos no tenían acceso a las noticias como lo tenemos hoy en día. A menudo se daban cuenta después de muchos años. Estas personas, siendo ya libres, pasaron tiempo extra en esclavitud. Puesto que no lo sabían, simplemente continuaron sirviendo al viejo amo.

Hemos sido liberados del pecado, pero muchos de nosotros no somos libres porque no sabemos lo que sucedió. Todavía estamos sirviendo al viejo amo. Ésta es la comparación que Pablo estaba haciendo.

CAPÍTULO 13

El Maestro

Mientras estábamos en la carne, las pasiones pecaminosas que eran por la ley obraban en nuestros miembros llevando fruto para muerte.

Romanos 7:5

Recordando que aquí la palabra *pecado*–como en la mayor parte de Romanos–es un sustantivo[1] en el Griego original, podemos entender mejor lo que Pablo estaba diciendo. Antes de que volviéramos a nacer, nuestra naturaleza de pecado–fortalecida por la ley–nos motivaba y obligaba a cometer acciones pecaminosas: "Ahora estamos libres de la ley, por haber muerto para aquella en que estábamos sujetos" (Ro. 7:6).

¿Qué está muerto? Nuestro viejo hombre–él era la parte que estaba bajo la ley. La ley gobernaba y regía nuestra vieja naturaleza de pecado. La ley fue dada sólo para personas con naturalezas de pecado.

Conociendo esto, que la ley no fue dada para el justo.

1 Timoteo 1:9

> **Sólo puedes codiciar algo que está prohibido.**

Fíjate que este verso dice: *"La ley no fue dada para el justo"*. ¿Quién es justo? Cualquiera que es vuelto a nacer. Por lo tanto, la ley nunca fue hecha para un Cristiano. Fue hecha para una persona perdida, alguien que tuviera un viejo hombre. La ley gobernaba a nuestro viejo hombre, pero no gobierna a nuestro nuevo hombre. No hay ley en contra de nuestra nueva naturaleza porque ésta no tiene ninguna tendencia o habilidad para pecar. (Gá. 5:22-24).

> *Mientras estábamos en la carne,* [antes de ser vueltos a nacer] *las pasiones pecaminosas que eran por la ley obraban en nuestros miembros llevando fruto para muerte* [nuestra naturaleza de pecado–la parte de nosotros gobernada por la ley–nos conducía hacia acciones pecaminosas]. *Pero ahora estamos libres de la ley, por haber muerto para aquella en que estábamos sujetos,* [ahora somos libres de la ley porque nuestra naturaleza de pecado está muerta]; *de modo que sirvamos bajo el régimen nuevo del Espíritu y no bajo el régimen viejo de la letra. ¿Qué diremos, pues? ¿La ley es pecado? En ninguna manera.*
>
> Romanos 7:5-7

Mi estudio titulado *La Verdadera Naturaleza de Dios*[2] es mucho más detallado. Sólo voy a poder resumirlo brevemente aquí.

"¡Por Dios que lo Haré!"

¿La ley es pecado? En ninguna manera. Pero yo no conocí el pecado sino por la ley; porque

tampoco conociera la codicia, si la ley no dijera: No codiciarás.

Romanos 7:7

Sólo puedes codiciar algo que está prohibido. En el área sexual, ¿sientes lujuria por tu cónyuge? Normalmente no hablamos de eso de esta manera porque si es legal, entonces no es lujuria. La lujuria siempre se refiere a una forma de actuar ilícita o ilegal. Tú no codicias algo que ya tienes, sino las cosas que no tienes. Nunca sientes codicia hasta que alguien te impone una restricción.

¿Recuerdas el ejemplo que dimos anteriormente de los niños que escupieron en la flor? Es lo mismo. Dios nos creó originalmente sin restricciones, así que simplemente hay algo en nosotros que las resiste. Cuando escuchamos: "Tú no debes…" algo dentro de nosotros contesta: "¡Por Dios que lo haré!"

Por eso Dios dio la ley. No fue porque no tuviéramos ni idea de lo que debíamos hacer y necesitábamos las instrucciones de Dios–de la número uno a la número diez mil–acerca de cómo estar en relación correcta con Él. La ley era para la persona que pensaba: "Yo nunca hago algo mal. No hay nada malo conmigo. Soy una persona muy buena. Dios tiene que aceptarme. Soy mejor que este publicano que está aquí. Ayuno dos veces por semana y pago diezmo de mi menta, anís y comino Soy santo. ¡Dios debe amarme!" *(Véase Lucas 18:9-14)*. La ley era para la persona religiosa mojigata que estaba perdida pero no lo sabía.

Dios dijo: "¿Tú piensas que eres justo? ¿Piensas que eres lo suficientemente bueno? Déjame mostrarte Mi estándar. No debes …" De repente, el pecado que ya estaba presente–esta vieja naturaleza–simplemente se despertó en nuestro interior. Cuando Dios declaró: "Tú no debes…" de repente la codicia tomó fuerza. Eso es lo que Romanos 7:7-8 dice: Yo ni siquiera hubiera conocido lo que es la codicia si la ley no me hubiera dicho que no codiciara. Pero en el momento en que llegó el mandamiento, la codicia tomó fuerza.

Hasta Que El Mandamiento Viene

El pecado [tomó] *ocasión por el mandamiento.*

Romanos 7:8

El mandamiento propició el pecado. No te ayudó a que lo vencieras. El mandamiento ayudó al pecado a vencerte a ti. La ley del Antiguo Testamento no te liberará del pecado, sino que en realidad hará que el pecado te domine a ti.

El pecado, tomando ocasión por el mandamiento, produjo en mí toda codicia [deseo o lujuria]. *Porque sin la ley el pecado está muerto.*

Romanos 7:8

¡Qué afirmación tan radical! Recuerda, esto no está hablando de los actos de pecado, sino más bien de la naturaleza de pecado. Tu naturaleza de pecado no tenía poder. No estaba muerta en el sentido de que no existía. Estaba presente, pero impotente. Tu naturaleza de pecado no ejerció ningún dominio o control real hasta que vino el mandamiento. Ésta es la razón por la que un niño puede ser dulce, inocente, y sensible a Dios, y lograr que Él le hable antes de que realmente sea vuelto a nacer. No es porque haya venido a la tierra con una naturaleza pura. Él también nació con una naturaleza de pecado. Sencillamente no es inculpado de pecado hasta que el mandamiento viene. (Ro. 5:13).

El Pecado Revivió

Yo sin la ley vivía en un tiempo; pero venido el mandamiento, el pecado revivió y yo morí.

Romanos 7:9

Pon atención a la palabra *revivió*. No decía que el pecado vino. El pecado revivió. Esa naturaleza de pecado ya estaba en todos nosotros, pero permanece adormecida hasta el momento que la ley viene. Entonces el pecado revive y nosotros morimos.

A lo que Pablo se estaba refiriendo en la frase *"pero venido el mandamiento"* es a lo que muchos de nosotros llamamos la "edad de la responsabilidad". Hay un tiempo cuando eres muy pequeño en que posiblemente hagas cosas que están mal. A lo mejor sabes que te vas a meter en problemas si haces algo, pero llega un momento en que esto sobrepasa el simple:

> La ley fue dada para quitarnos la esperanza de salvarnos a nosotros mismos alguna vez.

"Me van a dar de nalgadas si hago esto". Te das cuenta que no sólo estás desobedeciendo a tu mami, a tu papi, o a la sociedad, sino que te estás rebelando en contra de Dios. En el momento en que alcanzas este punto, es cuando el mandamiento viene. Has alcanzado la edad de la responsabilidad.

Esta edad varía. Algunas personas–como los que tienen retraso mental–a lo mejor nunca llegan a una edad de responsabilidad. Aunque nacieron con una naturaleza de pecado, si llegaran a morir en ese estado, el pecado no se les imputaría. Es por eso por lo que cuando un niño muere no se va al infierno si no tenía la suficiente edad para ser vuelto a nacer. No se les inculpa de esa naturaleza de pecado hasta que viene la ley. Pero hay una edad en nuestra vida cuando pasamos el umbral de la inocencia y deliberadamente nos revelamos en contra de Dios. En ese momento, el pecado revive y nosotros morimos. La ley fue dada para que esto sucediera.

Nuestros pecados ya nos habían vencido. Ya teníamos una naturaleza corrupta, pero nos estábamos comparando unos con otros, pensando: "Bueno, estoy bien. Seguramente Dios me aceptará" (2Cor.10:12). El Señor tenía que sacarnos de este error. "¿Piensas que estás bien? Que sólo hayas matado a una persona en vez de diez no te hace una buena persona". Dios nos tuvo que decir que esto no estaba correcto. Entonces nos sacó de nuestra complacencia al mostrarnos un estándar que era tan santo, tan perfecto, y tan puro que ninguno lo podía mantener.

La ley fortalece al pecado. (1 Co. 15:56). No nos fortaleció en nuestra batalla en contra del pecado. Fortaleció al pecado–nuestra naturaleza de pecado–en su batalla en contra de nosotros. La ley fue dada para hacer que el pecado reviviera en nuestro interior. Entonces nos damos cuenta: "¡Dios mío, no sabía que tenía todo esto dentro de mí!"

Para Traernos a Cristo

Antes que viniese la fe, estábamos confinados bajo la ley, encerrados para aquella fe que iba a ser revelada. De manera que la ley ha sido nuestro ayo, para llevarnos a Cristo, a fin de que fuésemos justificados por la fe.
Gálatas 3:23-24

La ley fue dada para quitarnos la esperanza de salvarnos a nosotros mismos alguna vez. Fue diseñada para mostrarnos nuestra corrupción y hacernos correr a Dios, gritando: "¡Ayuda! ¡Necesito un Salvador!" Pero a través de una influencia demoníaca sobrenatural la religión ha cambiado la ley: en vez de ser algo que condena y mata es algo que "da vida" (2 Co. 3:6-7,9): "Gracias,

Dios mío, por enseñarme todas las cosas que debo hacer". Con sutileza, la religión nos ha seducido para que abracemos la ley. Aunque fue buena en el sentido de que nos enseñó nuestra necesidad de Dios y nos llevó a Él, la ley no puede producir salvación. (Ro. 3:19-20). Si pudiera haber habido una ley que hubiera producido vida, entonces la justicia hubiera venido por ahí. (Gá. 3:21).Pero la ley ha puesto (incluido o declarado) a todos en pecado. (Gá. 3:22). Nos ha atado a todos y demostrado nuestra necesidad de un Salvador.

Hallé que el mismo mandamiento que era para vida, a mí me resultó para muerte.

Romanos 7:10

El mandamiento mismo era perfecto y santo, pero el problema era que ninguno de nosotros lo era. Aunque pudo haber dado vida si hubiéramos podido observar la ley en su totalidad, en realidad produjo muerte porque sólo una persona en toda la historia ha observado toda la ley–y no hemos sido ni tú ni yo.

Tu Viejo Hombre Está Muerto

El pecado, tomando ocasión por el mandamiento, me engañó, y por él me mató. De manera que la ley a la verdad es santa, y el mandamiento santo, justo y bueno. ¿Luego lo que es bueno, vino a ser muerte para mí? En ninguna manera; sino que el pecado, para mostrarse pecado, produjo en mí la muerte por medio de lo que es bueno, a fin de que por el mandamiento el pecado llegase a ser sobremanera pecaminoso.

Romanos 7:11-13

El propósito del mandamiento era hacer que perdiéramos la esperanza de alguna vez poder salvarnos a nosotros mismos. Trae el conocimiento del pecado, la condenación y la culpa, y nos hace decir: "Soy un pecador. ¡Nunca podré lograr nada por mi cuenta!"

Por eso la mayoría de los Cristianos están tan condenados y atormentados por la culpa hoy en día. Todavía están tratando de relacionarse con Dios con base a su comportamiento. Dios nunca dio la ley para mostrarnos todas las cosas que teníamos que hacer para poder mejorar. En vez de eso, Él estaba dispuesto a relacionarse con nosotros a través de la misericordia y la gracia. Pero la humanidad estaba tomando la falta de castigo del pecado por parte de Dios como aprobación. Ellos estaban engañados, entonces Dios finalmente tuvo que decir: "De acuerdo, tú crees que eres muy bueno. Aquí está lo que yo exijo". Entonces Él les dio un estándar que nadie podía observar.

Pablo decía que la ley era para controlar a nuestro viejo hombre, que ahora está muerto: "Tengo un nuevo hombre en mi interior. Ahora estoy libre de la ley. Así como una mujer que fue tratada mal en su matrimonio no tiene qué temer al esposo muerto, así yo no tengo que temer a mi vieja naturaleza, porque está muerta. Ya se terminó. Gracias a mi nuevo cónyuge–mi espíritu renacido–ya no tengo que sentirme culpable". Los Cristianos ya no deberían sentirse culpables o condenados nunca más, porque ese viejo hombre–el que era gobernado por la ley–ahora está muerto, destruido, y ya no existe.

> Debemos tener este nuevo hombre dentro de nosotros y debemos permitirle que sea el que viva a través de nosotros.

Deja que El Nuevo Hombre Viva

Sabemos que la ley es espiritual; mas yo soy carnal, vendido al pecado.

Romanos 7:14

En otras palabras: "La ley es perfecta, y yo no lo soy. Entonces la ley y yo nunca podríamos llevarnos bien".

Lo que hago, no lo entiendo.

Romanos 7:15

Esto nos trae de regreso a Romanos 7:15-25. En esencia, Pablo decía: "En lo natural, por mi propia cuenta, no puedo hacer nada. No me puedo salvar a mí mismo. Tuve que convertirme en una nueva persona a través del don de regeneración de Dios. Esto tuvo que ser Su obra, porque yo no podía cambiar mi naturaleza. No podía salir de esta situación. Dios tuvo que matar a mi viejo hombre y darme uno nuevo". Pablo no estaba proclamando: "¡Soy un esquizofrénico! A veces hago lo bueno, a veces hago lo malo. No me puedo ayudar a mí mismo". El simplemente estaba describiendo la incapacidad de cualquiera de nosotros para, con nuestras propias fuerzas, vivir para Dios. Tenemos que tener este nuevo hombre en nuestro interior y tenemos que permitirle que sea el que viva a través de nosotros.

> Si dejas que este espíritu completamente nuevo viva a través de ti, no hay condenación, no hay juicio, no hay sentencia en tu contra.

CAPÍTULO 14

En el Espíritu y Conforme al Espíritu

Al final de Romanos 7, Pablo dijo: "¡*Miserable de mí*! ¿Quién me librará de este cuerpo de muerte? Doy gracias a Dios por Jesucristo Señor nuestro". (Ro. 7:24-25).

Lo que él estaba diciendo era: Gracias doy a Dios que soy liberado de este cuerpo de muerte *a través* de Jesucristo nuestro Señor. En otras palabras, Pablo estaba describiendo la inutilidad de tratar de servir a Dios en la carne. Nuestra parte carnal (cuerpo y alma) siempre va a quedar por debajo del estándar. "La imperfección no puede ser perfecta. ¿Cómo me voy a poder escapar de esto alguna vez? Gloria a Dios, a través de Jesucristo nuestro Señor tengo una persona completamente nueva en mi interior".

Después Pablo pasó al capítulo 8, que habla de permitir que nuestro espíritu renacido domine nuestras vidas a través del poder del Espíritu Santo. Romanos 7 describe la frustración, derrota, y el reavivamiento del pecado. En Romanos 8 la victoria sobreabunda. Como dije antes, el Espíritu/espíritu se menciona una vez en el capítulo 7, y veintiuna veces en el capítulo 8. Pablo estaba haciendo un contraste entre Cristo viviendo a través de nosotros (Ro. 8) y nuestro intento de vivir para Dios. (Ro. 7). ¡Eso es poderoso!

Libre De La Condenación

Ahora, pues, ninguna condenación hay para los que están en Cristo Jesús.

Romanos 8:1

¿Quién está en Cristo Jesús? Tú estás si has vuelto a nacer y tienes este hombre nuevo. Con esta nueva naturaleza, no hay condenación para ti cuando estás en Cristo Jesús y caminando "no conforme a la carne, sino conforme al espíritu" (v.1).

Si permites que esta naturaleza completamente nueva viva a través de ti, no hay condenación, no hay juicio, no hay sentencia en tu contra. Nada te puede detener. Nada puede limitarte. Este hombre renacido no tiene limitaciones o deficiencias. Como Jesús es, así eres en tu espíritu. (1 Co. 6:17; 1 Jn. 4:17).

Condenación se refiere a declarar algo inútil para ser usado. Cuando tú condenas una habitación, la declaras inútil para ser usada. El diablo te hace eso al decir: "Miserable. ¿Qué te hace pensar que Dios podría usarte?" Eso es condenación.

La ley del Espíritu de vida en Cristo Jesús me ha librado de la ley del pecado y de la muerte.

Romanos 8:2

La ley que gobernaba mi viejo hombre declaró: "Eres un perdedor y un fracaso. No puedes imponer tus manos sobre los enfermos y verlos sanar. No puedes prosperar. No puedes ser feliz. No puedes tener gozo". Ese viejo hombre ahora está muerto y se ha ido. La ley que reforzaba su reinado ya no me gobierna más.

Lo que era imposible para la ley [el Antiguo Testamento] *por cuanto era débil por la carne, Dios,*

enviando a su Hijo en semejanza de carne de pecado y
a causa del pecado, condenó al pecado en la carne.

Romanos 8:3

Si yo no hubiera sido imperfecto, la ley del Antiguo Testamento hubiera sido fantástica. La habría observado y eso habría resuelto el problema. Pero puesto que yo era imperfecto, a través de mi carne, la ley del Antiguo Testamento–en vez de que fuera algo bueno–en realidad se convirtió en mi condenación. Así que Dios mandó a Su propio hijo en forma de hombre, y juzgó al pecado en Su carne.

Posicional y Vivencial

Para que la justicia de la ley se cumpliese en
nosotros, que no andamos conforme a la carne, sino
conforme al Espíritu. Porque los que son de la carne
piensan en las cosas de la carne; pero los que son del
Espíritu, en las cosas del Espíritu.

Romanos 8:4-5

Hay una diferencia entre "en la carne" y "conforme a la carne," y "en el Espíritu" y "conforme al Espíritu".

Si tú has vuelto a nacer, estás *en* el Espíritu. Ésa es una verdad posicional. Se refiere a cómo eres. Pero podrías no estar actuando *conforme* al espíritu. Podrías estar actuando *conforme* a la carne y

> ¿Cómo puedes darte cuenta si estás actuando conforme al Espíritu o conforme a la carne?

permitiendo que tu ser físico te domine, lo cual significa que no experimentarás en el ámbito natural la victoria que es tuya en el

Espíritu. Pero la verdad es que–en referencia a tu posición–estás en el Espíritu.

Si tú no has vuelto a nacer, estás *en* la carne. Esa es tu posición. Pero tú podrías actuar *conforme* al Espíritu. En otras palabras, podrías imitar las cosas del Espíritu. Aunque podrías hacer algunas cosas buenas, esto no cambiaría tu relación con Dios. Sólo la experiencia del nuevo nacimiento puede hacerlo.

En indica tu posición en Cristo (en el Espíritu) o no (en la carne). Esto es consistente a través de todo el capítulo 8 de Romanos. Si embargo, *conforme* indica cómo estás experimentando las cosas.

¿Qué Estás Pensando?

Los que son de la carne **piensan** *en las cosas de la carne; pero los que son del Espíritu, en las cosas del Espíritu.*

Romanos 8:5

¿Cómo puedes darte cuenta si estás actuando conforme al Espíritu o conforme la carne? ¿En que están enfocados tus pensamientos? ¿Están enfocados en la carne? ¿Está tu mente ocupada con temor, pleitos, depresión, o pobreza? Entonces eres de la carne. Si eres del Espíritu, vas a estar pensando en Dios. Estarás meditando en Su Palabra y en quién eres en Cristo. ¡Así de simple!

El ocuparse de la carne es muerte, pero el ocuparse del Espíritu es vida y paz.

Romanos 8:6

Si estás pensando en cosas carnales, eres de la carne. Por ejemplo, si alguien te trata mal y tú rumias eso una y otra vez, vas a estar lastimado, deprimido, y ofendido. Eso es lo que la mentalidad carnal produce–muerte. No es tanto lo que esa persona te hizo lo que ocasionó que te enojaras, amargaras y molestaras. Lo que le dio poder en tu vida, es el hecho de que tú meditaste y pensaste en ello.

Ha habido gente que se viene en mi contra, pero he aprendido a ser rápido para echar las cosas sobre el Señor. Yo rechazo pensar en el lado negativo de las cosas. Hay personas que han prometido matarme si alguna vez pongo mi pie en su propiedad. Hay ministros reconocidos nacionalmente–gente que tú reconocerías si los nombrara–que creen que soy el más astuto de los líderes de los cultos espurios desde Jim Jones.[1] Ellos incluso han proclamado esto públicamente. Algunas personas han utilizado las cintas de mis mensajes para criticarme. ¿Pero sabes qué? No pienso en estas cosas. Y como resultado, no estoy herido u ofendido. He tenido mítines y estado exactamente en la misma plataforma como lo han hecho algunas de estas personas. Los he amado. He mandado gentes a sus iglesias y he dado ofrendas para sus proyectos. Yo sólo hablo bien de ellos. No estoy enojado o resentido porque no medito en estas cosas.

> Tienes este nuevo espíritu dentro de ti, y lo único que te está deteniendo es tu "pensamiento negativo".

No es lo que la gente te hace lo que te pone molesto, sino la forma como piensas al respecto. Si tienes una mentalidad carnal, obtendrás resultados carnales. Si tienes una mentalidad espiritual, obtendrás resultados espirituales. ¡Esto es maravilloso!

No Estás en la Carne

Los designios de la carne son enemistad contra Dios; porque no se sujetan a la ley de Dios, ni tampoco pueden; y los que viven según la carne no pueden agradar a Dios.

Romanos 8:7-8

La gente perdida no puede agradar a Dios. Ellos están *en* la carne. No han vuelto a nacer. No tienen la vida de Dios dentro de ellos. En cambio tienen esta vieja naturaleza de pecado. Para ellos, es imposible agradar a Dios.

Vosotros no vivís según la carne...

Romanos 8:9

Si eres vuelto a nacer, tú no estás *en* la carne. Tú estás *en* el espíritu. A lo mejor estás actuando *conforme* a la carne y estás obteniendo los mismos resultados que tuviste antes de que fueras vuelto a nacer. Pero la verdad es, que ya no estás mas *en* la carne.

[Ustedes viven] según el Espíritu, si es que el Espíritu de Dios mora en vosotros. Y si alguno no tiene el Espíritu de Cristo, no es de él.

Romanos 8:9

Y podríamos seguir y seguir. Aquí hay algunas verdades muy poderosas, pero en esencia esto está diciendo que tú ya eres libre en Cristo. Tienes este nuevo espíritu dentro de ti y lo único que te detiene es tu "pensamiento negativo". Todavía piensas como si estuvieras casado con ese viejo hombre. Bueno, resistí por un rato, pero de todas maneras sólo soy un viejo pecador. De todas maneras voy a pecar así que, podría rendirme de una vez". Si piensas de esa forma, estás actuando conforme a la carne y cosecharás corrupción.

Esto es de lo que te tienes que empezar a dar cuenta: "Soy libre. No hay nada en mí que me derrote. No hay nada en mí que me pueda deprimir. No hay circunstancias exteriores que me puedan desanimar. Mi espíritu siempre está lleno de amor, gozo, paz, paciencia, mansedumbre, benignidad, bondad, fe, y templanza. (Gá. 5:22-23). Tengo que escoger. ¿Voy a permitir que

> Rechaza la dependencia de ti mismo, la salvación por ti mismo y la justicia propia.

el dolor, la depresión, la cólera, y la amargura me gobiernen? ¿O voy a tener una mentalidad espiritual y a permitir que mi ser en Cristo reine? Es mi elección". Si piensas de esta manera, estarás actuando de acuerdo al Espíritu y serás libre para recibir las bendiciones y la bondad de Dios. Pues bien, ¡eso es libertad!

CAPÍTULO 15

La Justicia de Dios

El capítulo 7 de Romanos no muestra la vida Cristiana normal. Muestra la frustración de la persona que está tratando de servir a Dios con base en su propia habilidad humana. Podrían ser personas que no son Cristianas o personas vueltas a nacer. Pero la carne–nuestra personalidad– es incapaz de vivir alguna vez la vida victoriosa que Dios destinó para nosotros.

Romanos 8 nos muestra la vida llena del Espíritu. Describe a la persona que ha entendido el poder del Evangelio y está permitiendo que el Espíritu de Dios viva a través de él.

Todo el libro de Romanos resuena con el mensaje de la gracia de Dios. Rechaza la dependencia de ti mismo, la salvación por ti mismo, y la justicia propia. Acepta el don gratuito de Dios de justicia y salvación por fe en el Evangelio. ¡Vive por fe en la gracia de Dios!

Pablo empezó Romanos 9 lamentando el hecho de que la gente Judía estaba confiando en su propia justicia para producir salvación. Él habló de su profundo anhelo de que sus compatriotas (Pablo mismo era Judío) fueran salvos. En vez de recibir el don gratuito de Dios a través de Jesús, ellos estaban tratando de ganar la salvación. No querían venir a Cristo y depender de

Él, el Salvador. En vez de eso estaban confiando en su propia bondad.

> ¡La gracia de Dios es ofensiva para la gente religiosa!

Entonces Pablo dio un cambio al decir: "Bueno, no es una pérdida total. Un verdadero Judío no es sólo un Judío físico, de ascendencia Judía, sino aquél que es un verdadero hijo de la promesa–que actúa en la fe de Abraham". De nuevo, esto hace surgir cosas muy ofensivas para estas personas religiosas.

¿Paganos Justos?

Al final de Romanos 9, Pablo hizo un resumen de las cosas que había dicho hasta ahí e hizo la transición al capítulo 10:

> ¿Qué, pues, diremos? Que los gentiles, que no iban tras la justicia, han alcanzado la justicia, es decir, la justicia que es por fe; mas Israel, que iba tras una ley de justicia, no la alcanzó.
>
> Romanos 9:30-31

En realidad no entendemos lo radical que esta afirmación era para la gente a la que Pablo estaba escribiendo en su tiempo. Él le estaba hablando a gentes que eran muy celosas para observar la ley. (Ro. 10:2). Su vida entera giraba alrededor de la búsqueda de Dios. La ley influía en cómo se vestían, qué comían, su política, su horario de trabajo, y lo que daban, entre otras cosas. A ciertas horas del día, todos se detenían para orar. Estas eran gentes religiosas. Toda su vida se consumía en la búsqueda de Dios.

Entonces Pablo apareció y sacudió totalmente su estructura religiosa al decir que los gentiles habían recibido por fe lo que los Judíos estaban trabajando tan arduamente de obtenerlo con sus acciones. Para un Judío, un *Gentil* es una persona que no es Judía, pero el término en el tiempo de Pablo se había convertido en sinónimo de pagano. Eran gentes que no tenían relación con Dios. En vez de negarse a sí mismos, se complacían a sí mismos. Los llamamos *paganos* hoy en día. Sin embargo lo que Pablo decía era: Estos paganos–quienes no estaban siguiendo la justicia, no estaban buscando a Dios, no estaban tratando de vivir una vida santa–han alcanzado la justicia que es por fe (v.30).

Si eso no era lo suficientemente malo para los Judíos, júntalo con el verso 31: Pero Israel–todos ustedes, gente religiosa que confía en su comportamiento para la salvación–no la ha alcanzado, y dime ¿Debemos sorprendemos de que Pablo molestara a la gente religiosa dondequiera que iba? Él decía: "Estos paganos que ni siquiera estaban tratando de vivir una vida santa son más aceptados por Dios que ustedes. Ellos han llegado a ser justos por fe en el Evangelio y ustedes que estaban viviendo en santidad, son rechazados por Dios". Esto enfurecía a mucha gente.

> Están poniendo su fe en sus acciones, en vez de recibir la salvación como un regalo.

Probablemente es por esto que Pablo sufrió tanta persecución como padeció, y es la razón por la que cualquiera que predique el verdadero Evangelio de Dios aún sufre persecución incluso hoy en día. (Gá. 5:11; 6:12). ¡La gracia de Dios es ofensiva para la gente religiosa!

La Piedra de Tropiezo

¿Por qué? [¿Por qué es esto cierto? ¿Cómo es posible?] *Porque iban* [los Judíos religiosos] *tras ella* [la

justicia] *no por fe, sino como por obras de la ley, pues tropezaron en la piedra de tropiezo.*

Romanos 9:32

La razón por la cual la persona que no es religiosa ha sido aceptada por Dios y la religiosa permanece rechazada es que la persona no religiosa buscó la justicia por fe en la gracia de Dios y la religiosa la buscó por fe en sus propias acciones santas.

Cuando el pagano escuchó el Evangelio–que la salvación era un regalo de Dios y que ellos no tenían que ganarla–la abrazaron. Para ellos, era muy benéfico porque no habían estado viviendo una vida correcta y lo sabían. Cuando alguien apareció y les dijo que Dios los iba a aceptar con base en la gracia considerada como un regalo, y que todo lo que tenían que hacer era creer y recibir a Jesús como su Salvador, ellos lo aceptaron. ¡Qué oferta!

La persona religiosa rechazó a Jesús básicamente por las mismas razones–el Evangelio les dijo que no era su bondad la que les ganaba una relación con Dios. Ellos tenían que creer en Jesús y recibir la salvación como un regalo. Ellos respondieron: "¡No es justo! Mira qué duro he trabajado. He puesto mucho esfuerzo en esto. ¿Quieres decir que todo mi sacrificio no hace que Dios me ame más? ¿Estás diciendo que mi vida de santidad no me hace mejor que la persona que vive en terrible pecado? ¿Quieres decir que necesito el mismo nivel de salvación que este réprobo?" El orgullo religioso no les permite recibir un don gratis como ese.

Exactamente lo mismo pasa alrededor del mundo hoy en día. Muchas personas religiosas están tratando de hacer las cosas correctas–y no es que lo que están haciendo esté mal. Es el hecho de que están poniendo su fe en sus acciones en vez de recibir su salvación como un regalo. Para estas personas, es ofensivo el escuchar la predicación del Evangelio. Les molesta el escuchar a alguien decir que una persona que posiblemente no esté viviendo en tanta santidad como ellos, tenga mejor capacidad para recibir de parte de Dios, porque está poniendo su fe en un Salvador en vez de ganarla. Esas son palabras de pleito para una persona que está confiando en sí misma.

"¡No Es Justo!"

He visto que esto sucede vez tras vez. Alguna persona que es pilar de la iglesia y está ahí cada vez que las puertas se abren. Ora y enseña en la clase dominical. Teje cobertores y hornea pasteles. Siempre está haciendo obras religiosas. Pero ha estado batallando por años con alguna

> No necesitamos justicia— necesitamos misericordia.

enfermedad, la necesidad de dinero, o algún problema en su vida que no ha sido resuelto. Entonces un borracho viene de la calle sin nada qué ofrecerle a Dios. Y alguien le predica el Evangelio, diciendo: "No es en relación a lo santo que eres. Tú no necesitas un récord de justicia. Sólo recibe lo que necesitas de parte de Dios como un regalo. Todo lo que tienes que hacer es creer". Este réprobo recibe el mismo milagro que la hermana santidad ha estado buscando inutilmente por veinte años. El borracho lo obtiene y la persona religiosa no. Entonces la persona religiosa se hincha de orgullo y se queja: "¡No es justo!"

No necesitamos justicia–necesitamos misericordia. Yo solía trabajar en un estudio fotográfico revelando fotografías. Bromeábamos sobre algunas de las personas que venían a ver sus muestras. A menudo, comentaban: "Esta foto no me hace justicia". Aunque nunca lo hacíamos en realidad, nos hubiera gustado decir: "¡Señora, usted no necesita justicia. Usted necesita misericordia!" Si Dios nos diera lo que merecemos aun la hermana santidad no recibiría. No podemos acercarnos a Dios teniendo como base la fe en nosotros mismos. Podríamos pensar que lo merecemos más que otra persona, pero todos hemos pecado y estamos por debajo del estándar de Dios. (Ro. 3:23).

Las personas religiosas que confían en su propia bondad son las más difíciles de alcanzar. Ellas fueron las que le dieron los problemas mayores a Pablo. Crucificaron a Jesús y persiguieron a la iglesia. Aún hoy en día es la gente religiosa la que se declara en contra del verdadero Evangelio.

Las buenas personas que confían en su propia santidad son las más difíciles de alcanzar con el Evangelio del Señor Jesucristo. Cuando el Evangelio se le predica a alguien que no está viviendo en santidad, es una buena noticia. Ellos responden con fe al mensaje positivo de la gracia de Dios. Pero a menos que Dios intervenga en una forma sobrenatural con revelación y persuasión, la persona religiosa que confía en sus esfuerzos va a resistir el Evangelio. Están orgullosos de lo que han logrado y debido a su propio esfuerzo se sienten mejores que otra persona. Ellos interpretan el Evangelio como si les dijera que todos sus actos de justicia no han servido de nada.

Por supuesto, la santidad sigue siendo benéfica, porque le niega acceso a Satanás a nuestra vida y nos ayuda en nuestra relación con otras personas. Pero no nos hace más aceptables ante Dios. Tampoco nuestra falta de santidad nos hace menos aceptables para Dios. Nuestra relación con Dios debe estar basada totalmente sobre la fe.

Buenas Obras, Pero Motivo Equivocado

Romanos 9:32 dice que estas personas religiosas no recibieron la justicia porque la buscaron no por fe sino por las obras de la ley. *Las obras de la ley* se refiere a hacer buenas cosas, pero con el motivo equivocado. Es confiar en lo que tú has hecho en vez de en lo que Dios ha hecho. La Biblia también hace referencia a las *obras de la fe*. (1 Ts. 1:3; 2 Ts. 1:11). El motivo es la diferencia. *Una obra de la ley* es cuando haces algo con la mentalidad de que eso te va a ganar tu relación con Dios. Él te lo debe basado en lo que hiciste. Ésa es una obra de la ley. Una *obra de fe* puede ser exactamente la misma acción, pero la mentalidad que la respalda es: "No estoy haciendo esto para ganar relación con Dios, sino porque Dios ya me ha dado una relación con Él mismo. Yo lo amo y quiero servirlo". Las obras de fe son motivadas por la fe y el amor, no por un sentimiento de obligación y deuda.

> O aceptas la verdad y se convierte en libertad y en una fuente de vida, o la niegas y se convierte en condenación.

Pablo decía que estos Judíos tenían una motivación equivocada. Estaban haciendo las cosas correctas con un motivo equivocado. Así que se tropezaron con la piedra de tropiezo. (Ro. 9:32). Entonces él citó del libro de Isaías 8:14 y 28:16 del Antiguo Testamento:

> *Como está escrito: He aquí pongo en Sion piedra de tropiezo y roca de caída; Y el que creyere en él* [Jeucristo], *no será avergonzado.*
>
> Romanos 9:33

En otras palabras, Jesucristo está plantado en el camino de toda persona. Dios confronta a todo individuo con la verdad de que necesitan un Salvador porque no se pueden salvar a sí mismos. Algunos responden adecuadamente por fe y reciben al Señor y Su precioso don de salvación. Otros tratan de mantener su propia bondad y se tropiezan con la gracia de Dios. La misma cosa que hizo que se tropezaran con Jesús el Salvador les hará caerse de bruces en su camino al infierno—confiando en su propia santidad. O aceptas la verdad y se convierte en libertad y en algo que da vida, o la niegas y se convierte en condenación. Es tu elección.

Entusiasmo Dirigido en la Dirección Incorrecta

En el capítulo siguiente, Pablo repitió lo que había dicho al principio de Romanos 9 sobre sus compatriotas –los Judíos:

Hermanos, ciertamente el anhelo de mi corazón, y mi oración a Dios por Israel, es para salvación. Porque yo les doy testimonio de que tienen celo de Dios, pero no conforme a ciencia.

Romanos 10:1-2

Estos Judíos sentían un gran fervor por Dios, pero no de acuerdo al conocimiento, lo cual significa que estaban espiritualmente ciegos–eran ignorantes de su Padre celestial y de Su Hijo.[1] En otras palabras, tener el conocimiento adecuado es más importante que tener las acciones correctas.

Estos Judíos estaban haciendo algunas cosas buenas. Estaban orando, pagando diezmo, y observando muchos de los mandamientos de la ley. Un fariseo–un Judío religioso–sería aceptado en cualquier iglesia moderna hoy en día. Eran guerreros espirituales, fieles asistentes, y pagaban su diezmo con diligencia. ¡Muy pocas iglesias le negarían el derecho de ser miembro a alguien que es fiel con su diezmo! Estos fariseos eran gente muy santa, pero su celo era por la letra y la forma de la ley, y no por Dios mismo.[2] Debido a ese hecho no eran aceptados por Dios. Habían dirigido su entusiasmo y conocimiento en la dirección incorrecta.

Mucha gente hoy en día dice que no importa lo que tú crees, mientras que creas en algo. Ellos enseñan que hay muchos caminos para llegar a Dios. No importa si eres Budista, Musulmán, Hindú, o Cristiano, al final todos llevan a lo mismo. ¡Error! Esta mentalidad está en oposición directa a lo que Romanos 10:2 está diciendo.

Estas personas religiosas tenían un gran fervor por Dios–no sólo fervor, sino fervor por Dios. Sin embargo, no estaba de acuerdo al conocimiento. Por lo tanto, no era un conocimiento que pudiera salvar. Ellos eran sinceros, pero estaban sinceramente equivocados. Ellos creían en algo erróneo.

Dos Tipos de Justicia

Ignorando la justicia de Dios, y procurando establecer la suya propia, no se han sujetado a la justicia de Dios.

Romanos 10:3

Hay dos tipos diferentes de Justicia:

La justicia de Dios

La justicia propia

Nosotros obtenemos la justicia propia al confiar en nuestras propias acciones. Recibimos la justicia de Dios por la fe en Jesucristo. (Ef. 2:8-9). Entonces de los dos caminos a la justicia, sólo uno es correcto. La única justicia que nos pone en posición y relación correctas con Dios es la justicia de Dios que nos es dada como un don gratis e inmerecido. La mayoría de la gente está buscando una justicia que se da basada en sus propias acciones y comportamiento. Esto es lo que pablo decía sobre estos fariseos en Romanos 10:3.

> No nos hacemos justos gradualmente conforme mejoramos nuestras acciones.

Es triste decirlo, pero todavía hay muchas gentes hoy en día que son ignorantes de la justicia de Dios. Cuando tú usas la palabra

No puedes depender de ti mismo y depender de Dios al mismo tiempo.

justicia, la mayoría de la gente piensa en sus propias acciones. Piensan en su propio comportamiento. Si alguien se levantara en la iglesia y declarara: "Soy justo", serían criticados y se les recordarían las cosas que han hecho mal. La mayoría de los creyentes no pensarían en su espíritu renacido al que se le ha atribuido la justicia de Dios. Ellos estarían mirando a lo externo.

Hay dos clases diferentes de justicia: la clase que nosotros producimos por nuestras acciones propias y la clase que Dios nos da cuando volvemos a nacer. La única clase de justicia con la que nos podemos relacionar con Dios es la que viene como un don gratis. En nuestro espíritu renacido, somos la justicia de Dios en Jesucristo. (2 Co. 5:21).

Comparada con la justicia que proviene de Dios, nuestra justicia propia es como un trapo sucio y manchado. (Isa. 64:6). La justicia de Dios es infinitamente superior y nuestra justicia propia es infinitamente inferior. Los Judíos eran ignorantes de la justicia de Dios, y también lo es la mayoría de la gente religiosa hoy en día. No entienden que somos hechos justos en el momento en que ponemos nuestra fe en Jesucristo. No nos hacemos justos gradualmente conforme mejoramos nuestras acciones. Somos vueltos a nacer justos–¡es un regalo!

CAPÍTULO 16

La Gracia y las Obras No se Mezclan

Por él estáis vosotros en Cristo Jesús, el cual nos ha sido hecho por Dios sabiduría, justificación, santificación y redención.

1 Corintios 1:30

Cuando tú crees en Cristo, Dios manda al Espíritu de Su hijo a tu corazón y tú te conviertes en un renacido.

De modo que si alguno está en Cristo, nueva criatura es; las cosas viejas pasaron; he aquí todas son hechas nuevas.

2 Corintios 5:17

Creado en Justicia

¿Cómo es esta nueva criatura? ¿Cómo es este Espíritu nuevo y renacido? ¡Justo!

Al que no conoció pecado, por nosotros lo hizo pecado, para que nosotros fuésemos hechos justicia de Dios en él.

2 Corintios 5:21

La justicia de Dios te ha sido imputada. Y no sólo es un poquito de justicia. Tu nuevo hombre es verdaderamente justo.

Vestíos del nuevo hombre, creado según Dios en la justicia y santidad de la verdad.

Efesios 4:24

No te conviertes en justo a través de tus propias acciones–eres creado justo. Cuando volviste a nacer, Dios te dio una naturaleza justa. Pero lo triste es que la mayoría de los Cristianos son ignorantes de esto. Ellos no saben que su espíritu renacido es justo. No están conscientes de la verdad de que la justicia viene como un regalo de Dios. Entonces ellos tratan de mantener una justicia basada en sus acciones, lo que nunca puede ser la base de nuestra relación con Dios.

Mutualmente Excluyentes

Acabamos de ver en Romanos 10:3 que hay dos clases de justicia–la justicia de Dios y nuestra justicia propia. Estas se excluyen mutuamente. No puedes confiar en la justicia como un regalo del Señor Jesucristo y confiar en tu justicia propia al mismo tiempo. No puedes depender de ti mismo y depender de Dios simultáneamente. La persona que está tratando de vivir una vida justa con este motivo: "La justicia en la que yo actúo me va a ganar una relación con Dios", tampoco puede estar confiando en la gracia de Dios al mismo tiempo. O estás confiando en la gracia de Dios o en ti mismo, pero no en una combinación de las dos actitudes.

Si por gracia, ya no es por obras; de otra manera la gracia ya no es gracia. Y si por obras, ya no es gracia; de otra manera la obra ya no es obra.

Romanos 11:6

O estás confiando en la gracia o en las obras para la salvación, pero no en una combinación de las dos. Este verso refuta la perversión del Evangelio que dice "Sí, necesitas un Salvador. Sí, Jesús murió por ti. Pero no puedes tener una relación correcta con Dios a través de Jesús solamente. Necesitas mantener un estándar mínimo de santidad y entonces Dios cubre la diferencia". ¡No! O eres salvo por la gracia o por las obras, pero no por una combinación de las dos. Simplemente no se mezclan.

> Dios puede tratarte con relación a su gracia, pero la gente se relaciona contigo con base a tu comportamiento.

Por lo tanto, si no estás sometido a la justicia de Dios–si estás tratando de establecer tu propia justicia como la base de tu relación con Dios–entonces no estás sometido a la justicia de Dios. Tienes que ser de una forma o de la otra.

La Santidad te Ayuda con la Gente

¿Está bien entonces simplemente vivir en pecado? Por supuesto que no. Sí te beneficia el mantener una justicia propia–tus propias acciones de santidad. Dios no te recibe ni se relaciona contigo con base en tu justicia propia. Tus acciones no tienen nada qué ver con Su gracia, Su misericordia, y Su opinión de ti. Son cosas totalmente inmerecidas y que no ganaste. Pero sí necesitas mantener una justicia en tu propio comportamiento referente a tus relaciones con otras personas. Dios puede tratarte con base en la gracia, pero la gente se relaciona contigo con base en tu comportamiento.

Tu jefe no te contrata por la gracia. Ellos no te dicen: "Oye, yo entiendo que Dios te ama sin importar lo que hagas. Soy un jefe que opera en la gracia y yo también te amo. Así que independientemente de que vengas a trabajar o no, quiero que sepas que tu trabajo está garantizado, tus aumentos y tu jubilación. No hay nada que puedas hacer que me haga despedirte. No tienes que desempeñarte bien. No importa si nunca haces nada. ¡Yo simplemente te amo por gracia!" No, no es así.

> El Evangelio producirá poder en ti para que venzas al pecado y vivas una vida santa.

En lo que concierne a tu experiencia aquí en la tierra, es importante que te desempeñes bien. Si tienes un jefe, tienes que servirle bien. Él se va a relacionar contigo y te va a recompensar con base en tu comportamiento. Aunque no debería ser así, es muy posible que en el matrimonio sea igual. Deberíamos darnos el uno al otro el amor incondicional de Dios, pero la verdad es que todavía no estás viviendo con el Señor o la Señora perfección. Hasta que sean perfectos, ellos probablemente te van a juzgar con base en tu comportamiento. Si te portas mal, entonces vas a sufrir las consecuencias.

Como estudiante, si no haces el trabajo o no te desempeñas bien en el examen, vas a tener que sufrir por esto. Si no te desempeñas bien manejando un carro, podrías matarte a ti o a alguien más. Tus acciones sí te cuestan algo en relación con otras personas–y Satanás siempre está buscando la oportunidad de sacar ventaja de tus acciones en cualquier forma que pueda. Por lo tanto, es importante mantener buenas acciones, pero es vital que nunca malinterpretes las razones por las que debes vivir en santidad y las acciones que lo acompañan.

La santidad te ayuda en tu relación con la gente. Le cierra la puerta al diablo y lo mantiene fuera de tu vida. Pero ésta no es la forma como Dios te ve. Él ve tu corazón– tu hombre espiritual–no tu apariencia exterior. Él no trata contigo con base en tus acciones externas de justicia.

> Recuerda, la ley no fue dada con el propósito de justificarnos.

Dios se relaciona contigo con base en tus cualidades interiores de quien eres en Cristo. Él trata contigo basándose totalmente en la gracia.

Hay un propósito para las acciones de santidad, pero no es que pongas tu fe en ellas para obtener una relación con Dios. Éste es el meollo del asunto. Nadie está diciendo que un Cristiano no debe vivir en santidad. Sólo es cuestión de dónde está tu fe. ¿Está tu fe en tus acciones o en el Salvador? Si tu fe está en el Salvador, ¿eso significa que no vas a tener acciones santas? No, si verdaderamente entiendes y recibes el Evangelio, vivirás más santamente sin proponértelo de lo que lo has hecho a propósito. Va a fluir desde tu interior.

El Evangelio va a producir poder en ti para vencer el pecado y para vivir una vida santa. Pero va a ser un fruto de la salvación, no la raíz.

El Cumplimiento de la Ley

> *El fin de la ley es Cristo, para justicia a todo aquel que cree.*
>
> Romanos 10:4

Fin aquí básicamente significa "terminación".[1] Para los creyentes, la ley ha cumplido su propósito. Ya no es más una forma de hacer las cosas que seguimos con el objetivo de tratar de obtener justicia. En realidad, la ley nunca fue dada para producir una relación correcta con Dios. Fue dada para mostrarnos qué tan totalmente separados estábamos de Él. Fue dada para hacer que la vieja naturaleza de pecado se levantara en nuestro interior y nos venciera. Fue dada para revelarnos la necesidad que tenemos de un Salvador. Cuando dejamos de confiar en nosotros mismos para poner nuestra fe en Cristo para la salvación y para recibir de Dios Su don gratis de gracia, entonces la ley ha logrado aquello para lo que fue dada. Cualquiera que verdaderamente entiende el Evangelio y lo que Jesús vino a hacer, va a reconocer que la ley ha llegado a su fin como un medio para producir justicia para todo aquel que crea y reciba la justicia como un regalo.

> El agotamiento no es nada más que el tratar de producir el fruto de la salvación a través de tu propio esfuerzo.

"Bueno, ¿hubo alguna vez alguien que fue hecho justo a través de la ley?" Sí, hubo una persona–el Señor Jesucristo. Él vino y cumplió todo precepto de la ley. A través de hacer eso, Él literalmente fue merecedor de una relación correcta con Dios. Él la tuvo por su misma naturaleza. Él la obtuvo a través de Sus acciones. Por lo tanto Jesús la tuvo por herencia y por conquista. Él obtuvo una relación correcta con Dios a través de todo medio disponible.

Para Jesús la ley era un medio para traer salvación no sólo para Él, sino para todo aquel que quiera poner fe en Él. Pero Él es el único que alguna vez ha observado la ley. Nadie más ha sido justificado alguna vez por la ley–y tú y yo tampoco. Recuerda la ley no fue dada con el propósito de justificarnos.

Conforme Pablo continuó escribiendo sobre la justicia, empezó a citar versos del Antiguo Testamento sobre la ley:

De la justicia que es por la ley Moisés escribe así:
El hombre que haga estas cosas, vivirá por ellas.

Romanos 10:5

Esto está hablando de la persona que es legalista y que está confiando en su propia bondad como la base de su relación con Dios. Debido a esto, lo que hace la consume. Vive por lo que hace. Esto lleva al efecto de la caminadora.

La Caminadora

Cuando empiezas a pensar que tú estas justificado con Dios a través de tus acciones, a lo mejor estarás motivado y con esperanza por un breve periodo de tiempo. A lo mejor piensas: "Oye, puedo vivir de una mejor manera y entonces Dios va a aceptarme". Pero eso es una caminadora de la que no te puedes bajar.

En Shreveport, una vez traté de hacer algo de ejercicio corriendo en una caminadora. Como quería probar mi capacidad de resistencia le subí a esa cosa a quince km por hora (es una velocidad alta) Después de un rato, la toalla para limpiarme la cara que había puesto en las agarraderas se cayó. Sin pensar, me agaché para recogerla. La caminadora siguió funcionando, me impulsó y caí de espaldas cuan largo soy y me lanzó como 3m sobre el piso de madera del gimnasio. Así aprendí, a golpes que una vez que estás en una caminadora, ¡no te puedes parar! Lo mismo sucede al tratar de ser justificado por tus acciones.

Una vez que empiezas a confiar en tu propia santidad, eso te pone bajo esta carga y presión para que te comportes, y a pesar de lo mucho que haces, siempre pudiste haberlo hecho mejor. Eso causa frustración y es la razón por la que los Cristianos se agotan. El agotamiento no es más que el tratar de producir el fruto de la salvación a través de tu propio esfuerzo. Eso es legalismo. Pero en cambio cuando tú confías en Dios y en Su gracia, vas a experimentar Su fuerza, gozo y paz.

> **En vez de exigirte que subieras a Él, Él ya ha bajado a ti.**

En este contexto, esta palabra traducida aquí en Romanos 10:5 como *vivir,* significa "continuar permaneciendo vivo".[2] Con el fin de vivir, tú debes hacer ciertas cosas para continuar permaneciendo vivo. Una vez que empiezas a confiar en la justificación a través de la ley, entonces simplemente tienes que empezar a alimentar esta cosa. Tienes que mantener esta santidad que simplemente no es natural. Y como vas a cometer errores, cuando lo hagas, vas a cargar con la culpa y el castigo que viene con eso.

Un legalista es esencialmente un perfeccionista. Ellos tratan de perfeccionar su carne, y eso no es el sistema que Dios ha establecido. Él ha establecido el convertirse en una persona justa a través de aceptarlo como un don gratis con base en lo que Jesús ha hecho. Pon tu fe en el comportamiento y desempeño de Cristo, no en los tuyos.

Un Enfoque Legalista

La justicia que es por la fe dice así: No digas en tu corazón: ¿Quién subirá al cielo? (esto es, para traer abajo a Cristo); ¿quién descenderá al abismo? (esto es, para hacer subir a Cristo de entre los muertos).

Romanos 10:6,7

¿Entonces cómo se testifica la justicia que viene de Dios? Pablo solamente habló de cómo la justicia que es de la ley–un enfoque legalista–se consume totalmente con el hacer. Es obras,

obras, obras. Es una caminadora. Es agotador, frustrante, e imposible. Nadie puede aguantar el paso.

Entonces, ¿cómo se expresa la forma correcta de recibir justicia con Dios? Bueno, tú no tienes que decir en tu corazón: "Debo ser tan santo que tengo que vivir como un ángel aquí en la tierra". No tienes que subirte a una escalera de perfección con el objetivo de ascender al cielo a través de tu propia santidad y tus buenas obras. El Señor no está exigiendo que te acerques a Él en el cielo. Él no te está pidiendo que seas perfecto y que vivas de acuerdo a Su estándar. En cambio, Jesús bajó y vino a ti y ahora te ofrece la justicia como un regalo.

El verso 6 dice que tú no tienes que ser tan santo que tengas que ganarte tu entrada al cielo. Cristo ya ha bajado y ha hecho todo lo que tenía que hacer para que tú seas justo. El verso 7 dice que no tienes que hacer tanta penitencia que tengas que ir al infierno y cargar con el castigo de tu propio pecado, porque Cristo ya hizo eso por ti. Jesús ya descendió al infierno y literalmente cargó tu separación de Dios para que tú no tengas que llevarla.

¿Ves el punto de vista que Pablo estaba estableciendo en los versos 6 y 7? No es tu gran santidad la que te gana una relación con Dios. En vez de exigirte que subieras hasta donde Él está, Él ya bajó hasta donde tú estás En vez de exigirte que hagas penitencia y que sufras el castigo por tu pecado, Jesús ya ha sido separado de Dios y fue al infierno por ti.

> Jesús ya ha tomado y cargado tu castigo por ti.

Haciendo Penitencia

Una vez conocí a un hombre en Arlington, Texas, mientras ministraba sobre esto. Anteriormente en su vida él había estado bajo el engaño de pensar que lo que Cristo sufrió por nosotros no fue suficiente. En realidad, él pensaba que también tenía que hacer penitencia. Me mostró las grotescas cicatrices en sus codos y rodillas que había recibido en México. Durante la Semana Santa de un cierto año, el había gateado apoyándose sobre sus manos y rodillas, encima de pedazos de vidrio roto, por cinco km, para hacer penitencia. Me dijo que había gentes que de hecho se subían a una cruz. Algunos eran atados con cuerdas y otros eran realmente crucificados. Su propósito era el tratar de soportar los sufrimientos de Jesús y de hacer penitencia por sus pecados.

La mayoría de nosotros diría: "¡Eso es tonto!" No hay razón por la que debamos hacer eso. Jesús ya pagó eso por nosotros". Eso es verdad, pero el diablo tiene otras formas más sutiles para seducirnos a lo mismo. Todos fallamos a veces y pecamos en contra de Dios. En vez de simplemente confiar en lo que las Escrituras dicen sobre el perdón, todavía sentimos que tenemos que hacer penitencia. Tenemos que atravesar unos días más de remordimiento hasta que Dios verdaderamente nos perdone. A lo mejor sentimos que tenemos que pasar una hora extra orando o leyendo la Palabra, o que debemos dar algo extra en la ofrenda para compensar la falta que tuvimos. No tiene nada de malo estudiar más, orar, o dar con el motivo adecuado.

Pero si tu motivación es el hacerlo como penitencia, entonces tú estás–en un sentido–trayendo a Cristo de entre los muertos. Es como si Él no hubiera ido al infierno y no hubiera sufrido al pagar lo que tú debías. Tú tienes que sufrirlo. ¡Es como si se hiciera un pago doble! Jesús ya ha tomado y cargado tu castigo por ti. Por lo tanto no tienes que cargarlo otra vez o añadirle algo.

Probablemente es naturaleza humana el pensar: "Bueno, en realidad yo debo sufrir algo. Simplemente tiene sentido. Soy el que ha causado todo este dolor. ¿Cómo podría Jesús sufrir todo esto por nosotros? La verdad del Evangelio es que lo hizo. Jesús ya ha cargado con tu castigo y sufrimiento por ti. Por lo tanto ahora no tienes que ascender al cielo a través de tu propia santidad, y no tienes que bajar al infierno a través de la penitencia y el remordimiento. Sólo recibe lo que Dios ya ha hecho.

La Confesión de la Fe

Mas ¿qué dice? Cerca de ti está la palabra, en tu boca y en tu corazón. Esta es la palabra de fe que predicamos.

Romanos 10:8

¿Qué es lo que debes hacer si no tienes que subir al cielo o bajar al infierno con el propósito de recibir la salvación y el don gratis de la gracia? Simplemente confiesa la Palabra de fe–que tú has puesto tu fe en Jesucristo como tu Salvador. ¡No mezcles las obras y la gracia!

CAPÍTULO 17

La Creencia del Corazón
Y la Confesión de la Boca

Que si confesares con tu boca que Jesús es el Señor,
y creyeres en tu corazón que Dios le levantó de los
muertos, serás salvo.

Romanos 10:9

La salvación no está basada en tu santidad. Está basada en la creencia del corazón y la confesión de la boca. Esto por supuesto significa mucho más que sólo decir algunas palabras. Está hablando de un compromiso firme, una dependencia total, y una confianza absoluta en Jesucristo como tu Señor y Amo. Tú dependes de Él para la salvación. ¡Qué verso de las Escrituras tan estupendo!

Sin embargo, este verso casi se ha convertido en un cliché religioso. Nos hemos familiarizado tanto con él que no entendemos su importancia. Pero la gente religiosa a la que Pablo escribía lo entendió. Esto era totalmente contrario a los métodos que ellos enseñaban para la salvación. Ellos enseñaban un sistema de obras basado en el comportamiento. Tenían un horario de santidad muy riguroso y observaban todos estos rituales y leyes. Estaban en una caminadora de obras, obras, obras. Entonces Pablo apareció y predicó: "Todo lo que tienes que hacer es aceptar a Jesús como tu Señor y creer en tu corazón que Él ha sido resucitado de entre los muertos. Él vivirá en ti y tú serás salvo. Simplemente recibe esto por fe". Eso era radical para los judíos de ese tiempo.

¡Aún es radical para mucha gente hoy en día! Muchas personas simplemente no van a creer que es sólo la fe en Jesús lo que produce la salvación. Ellos también creen que deben ser santos. Pero eso no es lo que Pablo estaba diciendo aquí.

> *Con el corazón se cree para justicia, pero con la boca se confiesa para salvación.*
>
> Romanos 10:10

Es la creencia del corazón y la confesión de la boca. No es sólo decir palabras. Muchas gentes hoy en día repiten lo que se conoce como "La Oración del Pecador", pero ellos sólo están repitiendo palabras. Son las palabras correctas, pero a menos que procedan de un corazón lleno de fe, sólo son como un metal que resuena, o címbalo que retiñe. Primero lo crees en tu corazón. Luego lo declaras con tu boca. Es una combinación de las dos cosas. Debe haber una confesión exterior de tu parte, pero sólo funciona cuando ya tienes una fe que sientes en el corazón.

Entusiasmo en el País de Gales

A veces en realidad sólo hemos hecho que la gente repita después de nosotros sin que primero hayan creído verdaderamente en sus corazones. Nuestro grupo de personas que estaban de tour en el País de Gales estaban haciendo algo de evangelismo en las calles. Estábamos cantando y una multitud se reunió. Algunos de nosotros estábamos trabajando entre la multitud y estábamos compartiendo el Evangelio con la gente. Una persona en nuestro grupo era muy entusiasta. ¡Él le ministraba a todo lo que se movía! Aunque tenía un buen corazón, él no sabía exactamente la forma correcta de hacerlo.

Cuando este muchacho estaba hablando con una mujer que estaba parada justo detrás de mí, escuché cómo le estaba presentando el Evangelio. Él estaba tratando arduamente de hacerla que orara diciendo esta oración con él. Finalmente se rindió y dijo, "Okay"

> Cuando tú verdaderamente crees de corazón, Dios nunca te va a decepcionar.

—"Ahora repite después de mí: Yo confieso con mi boca que el Señor Jesucristo…"

—"Yo confieso con mi boca que el Señor Jesucristo…"

—"Y creo en mi corazón que Dios le resucitó de entre los muertos…"

Pausa…

—"No puedo decir eso".

—"¿Por qué no?"

—"Porque no creo que Jesús haya regresado vivo de entre los muertos. Yo creo que Él fue una persona histórica, pero no que fue resucitado de entre los muertos. Eso es una mentira".

Entonces este joven muchacho que estaba tratando tan arduamente de guiarla al Señor, dijo:

—— "Bueno, no importa lo que creas. ¡Sólo repite esta oración después de mí y serás salva!"

Tuve que intervenir y decirle: "No, ésta no es la forma como debes hacerlo. De acuerdo con la Palabra, sí importa lo que tú crees en tu corazón. No se trata sólo de repetir las palabras–aunque sean las palabras correctas. Es con el corazón que tú crees y con la boca que se hace la confesión".

Apégate al Evangelio

La Escritura dice: Todo aquel que en él creyere, no será avergonzado.

Romanos 10:11

> Ante los ojos de Dios, no hay diferencia entre los que han vivido una vida santa y los que han cometido muchos pecados.

Cuando tú verdaderamente crees de corazón, Dios nunca te decepcionará. Él es fiel. Si tú confiesas con tu boca y crees en tu corazón, serás salvo.

Esto no sólo se refiere a la experiencia inicial del nuevo nacimiento. También se refiere a todo lo que viene como resultado de lo que Jesucristo hizo–sanidad, liberación, y prosperidad. Si tú necesitas sanidad en tu cuerpo, todo lo que tienes que hacer es confesar con tu boca y creer en tu corazón, y de acuerdo a la Biblia, tú serás sano. Si has hecho esto y no has visto la sanidad manifestarse, entonces de una forma u otra hay una deficiencia en tu fe. Apégate al Evangelio, medita en estas cosas, y entiende que Dios ya lo ha hecho. Tú estás muerto al pecado–y por lo tanto muerto a la enfermedad y a la pobreza. En tu espíritu renacido, tú ya tienes tu sanidad, provisión en las finanzas o cualquier cosa que estas esperando recibir. En el momento en que tu mente natural se renueva para la verdad de la Palabra de Dios, ésta va a empezar a manifestarse en el reino físico.

Dios ya ha proveído–a través de la expiación de Cristo–todo lo que alguna vez podamos necesitar. Ahora creer y recibir depende de nosotros. Mi estudio de Efesios titulado *¡Ya lo tienes!* ve con más profundidad esta verdad y revela una forma práctica para tener una mejor comprensión que verdaderamente acelerará y facilitará la forma como recibes de Dios. Junto con mi estudio de *Espíritu, Alma y Cuerpo,* yo creo que *¡Ya lo tienes!*[1] contiene algunas de las verdades más útiles que Dios me ha enseñado. Sin entender estas verdades vitales de la Palabra de Dios, no serás capaz de experimentar mucho de lo que la muerte de Jesús te proveyó.

No hay Diferencia

No hay diferencia entre Judío [el fanático religioso] *y Griego* [el gentil]*, pues el mismo que es Señor de todos, es rico para con todos los que le invocan.*

Romanos 10:12

Ante los ojos de Dios, no hay diferencia entre los que han vivido una vida santa y los que han cometido muchos pecados. El mismo acceso hacia Él es otorgado con base en la fe. La persona que no ha vivido en santidad va a tener más problemas en esta vida que la persona que sí lo ha hecho. Pero en lo que se refiere a tu relación con Dios, el único camino hacia Él para todos es por la gracia a través de la fe. No importa si has vivido en santidad o no; si tú puedes liberar tu fe en lo que Jesucristo ha hecho, tú puedes recibir los beneficios de la salvación.

Todo aquel que invocare el nombre del Señor, será salvo.

Romanos 10:13

Esto es verdad para ambas la experiencia inicial del nuevo nacimiento y la continuidad de recibir por el resto de tu vida todo lo que Cristo ha proveído para ti a través de Su muerte, entierro y resurrección. Porque todo aquel que invocare el nombre del Señor será perdonado, sanado, liberado, prosperado–cada beneficio que es nuestro a través de lo que Jesucristo hizo viene a nosotros por la gracia a través de la fe.

Renuncia a la Caminadora

Pablo también discutió estas dos clases diferentes de justicia en Filipenses 3. En esencia él dijo: "¿Está confiando alguien en su vida de santidad para una relación correcta con Dios? Si alguien pudiera, debería de ser yo. Yo fui circuncidado en el octavo día, nacido de la estirpe de Israel, de la tribu de Benjamín. ¡Nadie era más Hebreo que yo! En referencia a mi conocimiento y práctica de la ley, yo estaba entre el grupo elitista religioso conocido como los Fariseos. Nuestras vidas enteras se consumían en prácticas legalistas de la ley. En cuanto al fervor, yo cacé y perseguí activamente a los seguidores de Jesús. No tuve falta en relación a la justicia. A lo mejor no observé todos los preceptos, pero verdaderamente no fue porque no lo intenté. Puse mi mejor esfuerzo. Corrí en esa caminadora carnal con todo mi corazón". (Fil. 3:4-6).

> A pesar de lo bueno que pudiéramos ser, aun así nuestra santidad es limitada e imperfecta.

¿Qué sucedió que hizo que Pablo renunciara a la caminadora?

Cuantas cosas eran para mí ganancia, las he estimado como pérdida por amor de Cristo. Y ciertamente, aun estimo todas las cosas como pérdida por la excelencia

del conocimiento de Cristo Jesús, mi Señor, por amor
del cual lo he perdido todo, y lo tengo por basura, para
ganar a Cristo.

Filipenses 3:7-8

Pablo decía: "Tuve un estándar de santidad que nadie pudo exceder. Nadie era más fervoroso y diligente que yo. Pero yo renuncié a todo por Cristo". Aquí está la razón que Pablo dio para renunciar a todo:

Para ganar a Cristo, y ser hallado en él, no teniendo
mi propia justicia, que es por la ley, sino la que es por
la fe de Cristo, la justicia que es de Dios por la fe.

Filipenses 3:8-9

En estos versos Pablo decía que la justicia que viene a través de Jesús es infinitamente superior a cualquier justicia que él hubiera podido obtener por su propia cuenta. En realidad Pablo dijo las mismas cosas en Filipenses 3 y en Romanos 9 y 10. Él renunció a todo–toda su confianza en su propia bondad y santidad–para que él pudiera ser hallado en Cristo. Eso significaba no ser hallado con justicia propia, sino con una justicia que vino a través de Jesús–a través de la fe en Él.

La justicia que Dios nos da en la salvación es infinitamente superior que cualquier justicia que alguna vez pudiéramos obtener por nuestra cuenta. Sin tener en cuenta lo buenos que podríamos ser, nuestra santidad aún es limitada e imperfecta. Pero la justicia que proviene de Dios a través de la fe es perfecta. ¡Es Su justicia!

A fin de conocerle, y el poder de su resurrección, y
la participación de sus padecimientos, llegando a ser

semejante a él en su muerte, si en alguna manera llegase a la resurrección de entre los muertos.

Filipenses 3:10-11

Pablo decía: "Tuve un estándar de justicia que excedía a cualquiera de mis críticos, pero no me hizo ningún bien. No tenía nada de gozo verdadero o paz en mi vida hasta que dejé de confiar en mí mismo y empecé a confiar en la justicia de Dios. Lo que le impide a la gente religiosa experimentar paz con Dios es el hecho de que en sus corazones, están confiando en ellos mismos. Al hacerlo, no están sometiéndose a la justicia que proviene de Dios".

Levanta la Bandera Blanca

> Sólo tenemos que rendirnos, levantar la bandera blanca de rendición, y empezar a confiar en la gracia de Dios.

Estas verdades de las que hemos hablado en esta breve sinopsis del libro de Romanos todavía son tan oportunas hoy como lo fueron cuando Pablo las escribió. Nuestro sistema religioso actual hace que la gente confíe en su propia bondad y comportamiento para tener una relación correcta con Dios. Nunca podemos ser lo suficientemente buenos como para que Dios nos deba una posición correcta con Él. Él nos la tiene que dar como un regalo. Nadie es lo suficientemente bueno para ganar una relación correcta con Dios con base en su comportamiento. El hecho de que estemos confiando en nuestro propio comportamiento es la razón por la que Satanás es capaz de derrotarnos.

El diablo no viene a nosotros y critica la capacidad de Dios. Él sólo nos dice que el Señor no va a usar Su poder a nuestro favor por ser tan miserables. Así que en realidad no es un asunto a discusión si Dios tiene la capacidad, más bien es Su disposición para usar Su capacidad a nuestro favor. La razón por la que dudamos de la buena voluntad de Dios es que pensamos que Él actúa en nuestra vida en función de nuestro comportamiento. Estamos bajo una mentalidad legalista. Aunque hemos vuelto a nacer y no estamos ofreciendo sacrificios del Antiguo Testamento por nuestro pecado, recibiendo la marca de circuncisión en nuestros cuerpos, ni rezando tres veces al día, todavía tenemos la misma mentalidad.

Estamos viajando por la misma ruta al mismo destino. Todo lo que hemos hecho es cambiar los medios. En vez de tomar todas esas reglas y regulaciones del Antiguo Testamento, hemos escogido algunas de ellas y añadido algunas más. Algunos medios comunes hoy en día son ser bautizado de cierta forma, pertenecer a cierta iglesia, leer tu Biblia una hora al día, ser santos, no usar joyas, usar tu vestido con cierto largo, usar el cabello recogido hacia arriba, no usar maquillaje, entre otros. Debes hacer esto y no puedes hacer aquello.

Si estás basando en cualquiera de tus acciones el que Dios te acepte, entonces no estás creyendo en el Evangelio. A lo mejor tú no piensas que es parte de la ley porque no es una tradición Judía, pero aún es una forma de pensar legalista. Es la misma cosa, sólo que modificada con otros elementos.

Ésa es la razón por la que tantas personas están frustradas hoy en día. No están disfrutando la paz y victoria que Dios trae. No han entendido que la salvación es un regalo. En vez de tratar tan arduamente de hacer todas estas cosas, sólo necesitamos rendirnos, levantar la bandera blanca de la rendición, y empezar a confiar en la gracia de Dios.

Cuando haces eso, Satanás no te puede condenar. No hay ninguna condenación para los que están en Cristo Jesús y que actúan conforme al Espíritu. Cuando tú eres vuelto a nacer y actúas conforme al Espíritu, no experimentas la frustración de tratar de agradar a Dios por tu propio esfuerzo. (Ro. 7-8). Permite que la naturaleza completamente nueva de tu espíritu renacido fluya a través de ti. (Gá. 2:20). Cuando lo haces, Jesús vive a través de ti y tú disfrutas de la libertad. Nada puede condenarte o atacarte con éxito.

Hay un nivel de victoria que la mayoría de los Cristianos nunca han alcanzado porque aún tienen una mentalidad de obras y están tratando de agradar a Dios por sus propios esfuerzos. Cuando ellos fallan, Satanás viene y los condena, diciendo: "¡Gusano! Dios no lo hará y tú eres la razón".

Mezclado con Fe

La comprensión de esto no te libera para pecar, sino que te libera del pecado.

El Evangelio disipa ese engaño. Nos regresa al lugar donde reconocemos que Dios aún no ha tenido a nadie que cumpla con todos los requisitos para trabajar para Él. Él actúa en nuestra vida por la misericordia y la gracia, no por la justicia. Una vez que entiendes eso, el amor de Dios abundará en tu corazón más que nunca. Una vez que entiendes el Evangelio, el amor viene. Y una vez que entiendes el amor de Dios, tu fe va a funcionar porque la fe obra por el amor. (Gá. 5:6).

¿Cómo podrías dudar del que te amó tanto que dio a Su único Hijo por ti cuando todavía eras un pecador?

¿Cuánto más te ama Dios ahora que has vuelto a nacer? Aunque todavía no eres todo lo que debes ser, tú eres Su hijo y Él te ama.

Si pudiste aceptar el milagro más grande de todos los milagros –la experiencia del nuevo nacimiento–cuando eras un pecador, separado de Dios, y nada estaba a tu favor, ahora que has vuelto a nacer ¿cuánto más deberías ser capaz de ver estas cosas pequeñas como curación de enfermedades, liberación de demonios, y milagros de provisión? Pero tú debes creerlo. Esas cosas palidecen en comparación con la experiencia de recibir el nuevo nacimiento.

Si pudiéramos entender esto verdaderamente y empezar a caminar en la gracia de Dios, nuestra fe abundaría. La victoria vendría a continuación y nos daríamos cuenta de que el Evangelio verdaderamente es el poder de Dios para la salvación para todo aquél que cree. Pero tú debes creerlo. El Evangelio no produce cosas automáticamente. Tiene que ser mezclado con la fe.

> *También a nosotros se nos ha anunciado la buena nueva como a ellos; pero no les aprovechó el oír la palabra, por no ir acompañada de fe en los que la oyeron.*
>
> Hebreos 4:2

Debemos conocer el Evangelio, entender el Evangelio, y creer en el Evangelio. Entonces la Palabra nos beneficiará.

¡Padre, Te Amo!

Espero que este estudio a través del libro de Romanos haya abierto verdaderamente tus ojos a la verdad de que Dios te ama independientemente de tu comportamiento. La comprensión de esto no te libera *para* pecar, sino que te libera *del* pecado. Conforme entiendes la bondad de Dios, el dominio del pecado sobre ti se rompe y eres llevado al arrepentimiento. Es mi oración que Dios te dé esta revelación ahora mismo para que tu mente pueda ser renovada para esta maravillosa verdad espiritual. Que estas verdades obren en tu vida, hasta que estés más consciente de la justicia de lo que estás del pecado (He. 10:2).

A la luz de todo lo que el Señor te acaba de revelar en referencia a tu relación con Él, ¿por qué no tomas un momento ahora mismo para orar?

"Padre, te doy gracias por hacerme justo por la fe en Tu Hijo. Gracias por darme una relación correcta contigo como un don gratis. Por favor ayúdame a comprender estas verdades en toda su plenitud y a aplicarlas a mi vida diaria. Quiero glorificarte con santidad, pero por la razón correcta. Por fe, yo recibo estas verdades de tu Palabra en mi corazón. Gracias por ser tan bueno conmigo. ¡Te amo!"

Recibe a Jesús Como tu Salvador

¡Optar por recibir a Jesucristo como tu Señor y Salvador es la decisión más importante que jamás hayas tomado!

La Palabra de Dios promete: **"Si confesares con tu boca que Jesús es el Señor, y creyeres en tu corazón que Dios le levantó de los muertos, serás salvo"** (Ro. 10:9-10). **"Todo aquel que invocare el nombre del Señor, será salvo"** (Ro. 10:13).

Por su gracia, Dios ya hizo todo para proveer tu salvación. Tu parte simplemente es creer y recibir.

Ora con voz alta: **"Jesús, confieso que Tú eres mi Señor y mi Salvador. Creo en mi corazón que Dios te levantó de entre los muertos. Por fe en Tu Palabra, recibo ahora la salvación. "¡Gracias por salvarme!"**

En el preciso momento en que entregaste tu vida a Jesucristo, la verdad de Su Palabra instantáneamente se lleva a acabo en tu espíritu. Ahora que naciste de nuevo, hay un Tú completamente nuevo.

Recibe al Espíritu Santo

Como Su hijo que eres, tu amoroso Padre Celestial quiere darte el poder sobrenatural que necesitas para vivir esta nueva vida.

"Todo aquel que pide, recibe; y el que busca, halla; y al que llama, se le abrirá...Si vosotros...sabéis dar buenas dádivas a vuestros hijos, ¿cuánto más vuestro Padre celestial dará el Espíritu Santo a los que se lo pidan?" (Lc. 11:10,13).

¡Todo lo que tienes que hacer es pedir, creer y recibir!

Ora: **"Padre, reconozco mi necesidad de Tu poder para vivir esta nueva vida. Por favor lléname con Tu Espíritu Santo. Por fe, ¡lo recibo ahora mismo! Gracias por bautizarme. Espíritu Santo, eres bienvenido a mi vida".**

¡Felicidades! ahora estás lleno del poder sobrenatural de Dios. Algunas sílabas de un lenguaje que no reconoces surgirán desde tu corazón a tu boca (1 Co. 14:14). Mientras las declaras en voz alta por fe, estás liberando el poder de Dios que está en ti y te estás edificando en el espíritu (1 Co. 14:14). Puedes hacer esto cuando quieras y donde quieras.

Realmente no interesa si sentiste algo o no cuando oraste para recibir al Señor y a Su Espíritu. Si creíste en tu corazón que lo recibiste, entonces la Palabra de Dios te asegura que así fue. **"Por tanto, os digo que todo lo que pidiereis orando, creed que lo recibiréis, y os vendrá"** (Mr. 11:24). Dios siempre honra Su Palabra; ¡créelo!

Por favor, escríbeme y dime si hiciste la oración para recibir a Jesús como tu Salvador o para ser lleno del Espíritu Santo. Me gustaría regocijarme contigo y ayudarte a entender más plenamente lo que ha sucedido en tu vida. Te enviaré un regalo que te ayudará a entender y a crecer en tu nueva relación con el Señor. "¡Bienvenido a tu nueva vida!"

Notas Finales

Capítulo 1

[1] Basado en la información del *Baker's Evangelical Dictionary of Biblical Theology,* disponible en http://bible.crosswalk. com/Dictionaries/Baker's EvangelicalDictionary/bed. cgi?number=T395, s.v. "Judaizers"

[2] Thayer y Smith, *The KJV New Testament Greek Lexicon,* "Entrada en el Greek Lexicon para Euaggelion", disponible en http://www.biblestudytools.net/Lexicons?Greek/grk.cgi?numbe r=2098&version=kjv, s.v. "gospel".

[3] Ibid., "Entrada en el Greek Lexicon para Euaggelizo", disponible de http://www.biblestudytools.net/Lexicons/Greek/grk.cgi?num ber=2097&version=kjv, s.v. "gospel".

[4] Ibid., "Entrada en el Greek Lexicon para Euaggelion", disponible en http://www.biblestudytools.net/Lexicons/Greek/grk.cgi?num ber=2098&version=kjv, s.v. "gospel".

Capítulo 2

[1] Basado en la información de Thayer y Smith, "Entrada en el Greek Lexicon para Sozo", disponible en http://www.biblestudytools. net/Lexicons/Greek/grk.cgi?number4982&version=kjv, s.v. "save".

Capítulo 3

[1] *The True Nature of God (La verdadera naturaleza de Dios)* está disponible en inglés en libro, cintas de audio y CD. Se puede pedir a través de mi ministerio en http://www.awmi.net/store, o a través de la información para contactarme que se encuentra al final de

este libro. También los archivos de audio en MP3 (disponibles en inglés) se pueden bajar gratis de mi sitio de Internet.

Capítulo 4

[1] *Strong's Exhaustive Concordance of the Bible, #4318,* disponible en http://www.eliyah.com/cgi-bin/strongs.cgi?file=greeklexicon &isindex=4318, s.v. "access" Romanos 5:2.

Capítulo 5

[1] *Espíritu, Alma, y Cuerpo* (Espíritu, Alma y Cuerpo) fue una de las primeras revelaciones que recibí a través del estudio de la Biblia. Ha servido como una base para casi todo lo que el Señor me ha enseñado desde entonces. Estas importantes verdades me liberaron de la esclavitud de muchos pensamientos incorrectos y me capacitaron para experimentar con consistencia el poder sobrenatural de Dios. Personalmente, no puedo entender cómo alguien puede verdaderamente prosperar en su relación con Dios sin entender esta revelación básica. He visto al Señor liberar a más personas por la enseñanza contenida en *Espíritu, Alma y Cuerpo* (disponible en libro) que cualquier otra cosa que he ministrado. ¡Llévatelo a casa!

Capítulo 7

[1] *Espíritu, Alma y Cuerpo* está disponible en español en forma de libro. Cintas de audio y CD en inglés pueden ser pedidas a través de mi ministerio en httpp://www.awmi.net/store, o a través de la información para contactarme que se encuentra al final de este libro. También los archivos de audio en formato MP3 (en inglés) que se pueden bajar gratis de mi sitio de Internet.

[2] Basado en la información de Thayer y Smith, "Entrada en el Greek Lexicon para "Hamartia", disponible en http://www. biblestudytools.net/Lexicons/Greek/grk.cgi?number=266&versi on=kjv;, basado en información del "Entrada del Greek Lexicon Hamartema", disponible de http://www.biblestudytools.net/ Lexicons/Greekg/grk.cgi?number=265&version=kjv;y basado

en información "Entrada en el Greek Lexicon para Hamartano", disponible de http://www.biblestudytools.net/Lexicons//Greek/grk.cgi?number=264&version=kjv>.
[3] Ibid., "Entrada en el Greek Lexicon Hamartia," disponible en http:www.biblestudytools.net/Lexicons/Greek/grk.cgi?number=266&version=kjv;y "Entrada en el Greek Lexicon Hamartema," disponible en http://www.biblestudytools.net/Lexicons/Greek/grk.cgi?number=265&version=kjv;

Capítulo 8
[1] Thayer y Smith, "Entrada en el Greek Lexicon para Metamorphoo", disponible en http://www.bible studytools. net/Lexicons/Greek/grk.cgi?number=3339&version=kjv, s.v. "transformed", Romanos 12:2.

Capítulo 11
[1] Basado en la información del *Merriam-Webster's Collegiate Dictionary,* 11 ed. (Springfield, Massachussets: Merriam-Webster, Inc., 2003), s.v. "transform".

Capítulo 13
[1] Thayer y Smith, "Entrada en el Greek Lexicon para Hamartia", disponible en http://www.biblestudytools.net/Lexicons/Greek/grk.cgi?number=266&version=kjv,s.v. "sins", Romans 7:5.
[2] *The True Nature of God (sólo en inglés)* disponible en libro, cintas de audio o CD y se puede pedir a través de mi ministerio en http://www.awmi.net/store, o a través de la información para contactarme que se encuentra al final de este libro. También los archivos de audio en MP3 (en inglés) se pueden bajar gratis de mi sitio de Internet.

Capítulo 14
[1] Líder del culto *Peoples Temple* que desembocó en un suicidio masivo de más de 900 miembros, que incluyó a Jones, en 1978.

Capítulo 15

[1] Basado en la información de *The New John Gill's Exposition of the Entire Bible,* "Comentario de Romanos 10:2", disponible en http://www.studylight.org/com/geb/view.cgi?book=ro&chapter=010&verse=002, s.v. "but not according to knowledge", Romanos 10:2.

[2] Basado en la información de *Robertson's Word Pictures of the New Testament,* "Comentario de Romanos 10:2", disponible en htpp://www.studylight.org/com/rwp/view.cgi?book=ro&chapter=010&verse=002, s.v. "but not according to knowledge", Romanos 10:2.

Capítulo 16

[1] Thayer y Smith, "Entrada en el Greek Lexicon para Telos", disponible de htpp://www.biblestudytools.net/Lexicons/Greek/grk.cgi?number=5056&version=kjv, s.v. "end", Romanos 10:4.

[2] Basado en la información del *Merriam-Webster,* s.v. "live".

Capítulo 17

[1] *Espíritu, Alma y Cuerpo, y ¡Ya lo Tienes!* están disponibles en forma de libro (en inglés y en español). Cintas de audio y CD (en inglés) pueden ser pedidas a través de mi ministerio en http://www.awmi.net/store, o a través de la información para contactarme que se encuentra al final de este libro. También los archivos de audio en MP3 (disponibles en inglés) se pueden bajar gratis de mi sitio de Internet.

Acerca del Autor

Por más de tres décadas Andrew ha viajado por los Estados Unidos y por el mundo enseñando la verdad del Evangelio. Su profunda revelación de la Palabra de Dios es enseñada con claridad, simplicidad, enfatizando el amor incondicional de Dios y el equilibrio entre la gracia y la fe. Llega a millones de personas a través de sus programas diarios de radio y televisión *La Verdad del Evangelio*, transmitidos nacional e internacionalmente.

Fundó la escuela *Charis Bible College* en 1994 y desde entonces ha establecido extensiones del colegio CBC en varias ciudades principales de América y alrededor del mundo. Andrew ha producido una colección de materiales de enseñanza, disponibles en forma impresa, en formatos de audio y video. Y, como ha sido desde el inicio, su ministerio continúa proporcionando cintas de audio y CDS gratuitos a todos aquellos que no pueden adquirirlos.

Otras Publicaciones de Andrew Wommack

Espíritu, Alma y Cuerpo

El entender la relación entre tu espíritu, alma y cuerpo es fundamental para tu vida Cristiana. Nunca sabrás en realidad cuánto te ama Dios o creerás lo que Su Palabra dice sobre ti hasta que lo entiendas. En este libro, aprende cómo se relacionan y cómo ese conocimiento va a liberar la vida de tu espíritu hacia tu cuerpo y tu alma. Puede inclusive explicarte por qué muchas cosas no están funcionando de la forma que esperabas.

Código del artículo: 701

Título en inglés: *Spirit, Soul and Body*
ISBN: 1-59548-063-3

El Nuevo Tú

Es muy importante entender lo que sucedió cuando recibiste a Jesús como tu Salvador. Es la clave para evitar que la Palabra que fue sembrada en tu corazón sea robada por Satanás. La enseñanza de Andrew provee un fundamento sólido de las Escrituras que te ayudará a entender. La salvación es sólo el inicio. Ahora es tiempo de ser un discípulo (aprender de Él y seguirlo). Jesús enseñó mucho más que sólo el perdón de pecados; Él trajo al hombre a una comunión con el Padre. Desde la perspectiva de Dios, el perdón de los pecados es un medio para alcanzar un objetivo. La verdadera meta es tener comunión con Él y ser más como Jesús.

Código del artículo: 725

El Espíritu Santo

¡Aprenda por qué el bautismo del Espíritu Santo es una necesidad absoluta! Vivir la vida abundante que Jesús proveyó es imposible sin esto. Antes de que los discípulos de Jesús recibieran al Espíritu Santo, eran hombres débiles y temerosos. Pero, cuando fueron bautizados con el Espíritu Santo en El día de Pentecostés, cada uno se volvió un poderoso testigo del poder milagroso de Dios. En Hechos 1:8 Jesús nos dice que el mismo poder está disponible para nosotros.

Código del artículo: 726

Para mayor información escríbenos o llámanos:

Ministerios Andrew Wommack, Inc.
P.O. Box 3333 • Colorado Springs, CO 80934-3333
Correo electrónico: awommack@aol.com
Línea de ayuda (para solicitud de materials y oración):
(719) 635-1111
Horas: 4:00 AM a 9:00 PM MST

Ministerios Andrew Wommack de Europa
P.O. Box 4392 • WS1 9AR Walsall • England
Correo electrónico: enquiries@awme.net
Línea de Ayuda en el RU (para solicitud de materiales y
oración):
011-44-192-247-3300
Horas: 5:30 AM a 4:00 PM GMT

O visítalo en la Internet:
www.awmi.net